心一堂術數古籍珍本叢刊

書名：蔣大鴻嫡傳水龍經注解 附 虛白廬藏珍本水龍經四種（三）
系列：心一堂術數古籍珍本叢刊 第二輯 堪輿類 蔣徒張仲馨三元真傳系列 189
作者：【清】蔣大鴻編訂、【清】楊臥雲、汪云吾、劉樂山註
主編、責任編輯：陳劍聰
心一堂術數古籍珍本叢刊編校小組：陳劍聰 素聞 梁松盛 鄒偉才 虛白盧主

出版：心一堂有限公司
地址／門市：香港九龍旺角西洋菜南街五號好望角大廈一〇〇三室
電話號碼：+852-6715-0840 +852-6633-7949
網址：sunyata.cc
publish.sunyata.cc
電郵：sunyatabook@gmail.com
網上書店：http://book.sunyata.cc
網上論壇：http://bbs.sunyata.cc/

版次：二零一七年七月初版
平裝：十冊不分售

定價：港幣 二千八百元正
新台幣 一萬零八百元正

國際書號：ISBN 978-988-8317-46-2

香港及海外發行：香港聯合書刊物流有限公司
地址：香港新界大埔汀麗路三十六號中華商務印刷大廈三樓
電話號碼：+852-2150-2100
傳真號碼：+852-2407-3062
電郵：info@suplogistics.com.hk

台灣發行：秀威資訊科技股份有限公司
地址：台灣台北市內湖區瑞光路七十六巷六十五號一樓
電話號碼：+886-2-2796-3638
傳真號碼：+886-2-2796-1377
網絡書店：www.bodbooks.com.tw
台灣讀者服務中心：國家書店
地址：台灣台北市中山區松江路二〇九號一樓
電話號碼：+886-2-2518-0207
傳真號碼：+886-2-2518-0778
網絡書店：http://www.govbooks.com.tw/

中國大陸發行・零售：心一堂書店
深圳地址：中國深圳羅湖立新路六號東門博雅負一層零零八號
電話號碼：+86-755-8222-4934
北京地址：中國北京東城區雍和宮大街四十號
心一店淘寶網：http://sunyatacc.taobao.com

水龍經第三卷

總論

此卷水龍天星垣局乃杖龍山人董遇述景純氏之言而作者也董君不知何代人其圖三十六穴上應天星而每局括以四言十六字中有駙馬儀賓京堂等語乃本朝物色其為近代人所撰有明徵矣而品列星占隱奥不猥苟非博綜象緯窮探甘石之學者豈能望其涯涘言雖不出於景純氏抑亦景純之流亞歟至其撰句選詞典博遒麗卓乎大雅之篇予考楊公以還地理之家鮮

能文之士。惟元賴布衣。蓋以奇才而生蒙古之運。佯狂詩酒。晦跡其中。每有詠歌。天才爛發。見於會稽諸鈴者可徵也。予向以為賴公之才。此中無與比者。不意又得之此卷。形家者流。何多才歟。至其所論天星。但取水形相似。連類以求。蓋非無本。古語不云乎。在天成象。在地成形。地有斯形。實與天象遙相應合。豈傅會哉。以此明天星垣局。與世人所傳二十四方道各分星躔者。奚啻天壤。蓋地有定位。而天無定位。雖有十二次舍。不可謂即地之二十四千支也。故天星之說。古今所尚。而予獨以為無徵。考之已往。幾見翰林學士定出巽辛萬里封侯必生庚震即歷代帝王發跡之陵寢亦未嘗盡屬三垣來龍也故知方位之合天星不若象形之有據矣予之存此書蓋將尊其名廣其類以顯水龍行用之大使學者知所崇重以匹乎山龍不分軒輊夫三垣九野列宿甚多而名川三百支水三千水之爲數亦不可紀極即如山龍亦安能一一舉天星而比擬之哉必執天星以論水局必取合天星之水局而後知其尊且貴則又拘墟之見而非得天機妙用者也此卷雖存學者毋以文害志可也

陳君寄磻所刋水龍經秘本獨鈌此卷以為失傳意先賢寶貴不輕洩以示人而陳君未及見之也　先君所抄圖誌鑿鑿上既欲公諸同好何敢以天機難測不為付梓以廣流傳且此種形局或千百年一顯或千百里一遇非大陰德者不能享此豈江湖術士按圖索驥所能知而致有惑世誣民之懼哉校讐既竣附記於此

郭景純水錐賦

天壤浩渺。三辰顯晦。一氣循環。五行榮悴。江河以流。山岳以峙。暄陽爲生。寒陰爲死。是以哲人象天則物。因地察義。氣以載理。磅礴無疆。理萃氣聚。陰谷生陽。地出川岳。天出斗星。本乎一炁。同情異名。珠穴龍形。列宿耀明。天施順播。地德上承。葭管灰飛。孕爍百靈。鑄以形氣。剖以吉凶。陰陽相禪。五運森聯。舉一遠二。乃術之偏。欲識其地。先觀其天。欲識其形。先觀其玄。禹迹茫茫。哲人大觀。不察其流。孰知其源。滔兮漫衍。亹亹淵淵。乘氣而以行。子母相援。夫婦交度刹換蜿蜒柔利為吉。激射為嫌。指水為水。孰辨五星。土水厚重。
金水圓清。木水挺直。火水飛騰。臨涯跳激。不失其形。金木植攻交。
水則比。水火相戰。木旺尤忌。土神生金。最畏逢木。木星帶火。邦家
傾覆。趨蓄之位。各有關軸。胞胎死絕。生旺官祿。冲剋刑傷。災祥迅
速。拙師謬誤。誇多誕聞。按圖習偽。百無一真。彼以為是。我獨知其
杳冥。嗚呼吉凶。本乎消長。五行運乎死生。信耳不如信目。信目不
如信心。景純雖死。精神尚存。若乃長江鴨綠。大海無涯。波瀾洶湧。
蛟龍夜啼。界之罔極。索之愈疑。雖有曲折。不忌逶迤。遲啟天鑰。君

子勿題下追淮泗江峽漢水亘脉縱橫沿洪觸溪州邑鄉村龍神
所據旋垣轉屏脉隨氣聚揚眉遠眺精神來會洲瀾洋洋穿江入
湖三十六穴景純所圖末晉之間仙音既殂唐宋以來水法虛無
青烏石匱發自何年不載他物惟說水鉗龍頷藏珠賢輔所生上
應華蓋堊隨曲衡河漢交度東西二藩真穴奠下近侍官班天府
壎篪曜通天苑穴點龍睛名揚翰苑虹飛飲海將軍氣揚帷幔內
穴戚振邊疆蟠龍飲乳軫宿所處內穴京堂傍為驃騎錦屏掛鏡
上輝天錢穴藏中宿主嬪貴賢金鈎掛月天鈎入垣餌穴居內可

鉤顯官。天衢獻印。漸臺垂應。穴侯中轂。貴雄百乘。天厨玉膳。天皇內厨。甹金取穴。珍羞脂肥。龜浮蓮影。天奄暗炤。穴應蓮心。者福之兆。瓊屏玉架。上應五車。牙籤夾穴。翰史榮華。玉堦五級。翌宿所居。穴秉羽翰。飛步天衢。瓊莚結綵。八魁聚靈。隱褥取穴。錦繡聯英。金瑣瓊闌。斗宿所藏。穴轉曲窩。金匱萬箱。玉堂文幕。器府璘璘。福穴居內。笙歌滿庭。乱龍蟠首。女床星列。穴卧唇簷。肥遁賢哲。芳城秀衍。上配天田。苑居中央。阡陌連綿。玉練纏天。上應文曲。穴居剪裁。補袞之職。金闕牙班。庫樓森張。玉案作穴。列爵鵷行。彖横九畹。天

廐曜明穴點矛眉負扆揚名陽河瀦祿上應斗斛穴鍾日精冢宰
之福陽隰纏輝郎位疊疊叅差點穴簪纓幾里神亀拾蛤六甲奮
光穴居豐頸爕理陰陽驥嘶棹尾左眏旗星苑繫其頸陣上揚名
日月分精天廟顯星苑陽御陰男女雙英雙虬聚英左右執法穴
齋端門咎縣顯達春蛟賽月蜿蜒臨湖神宮取穴名顯皇都金盤
出匣牛宿所臨苑看點饌綺席華裀金倉玉粒天囷顯赫苑其中
廩祿錫萬石玉女鋪床天床森照駙馬儀賓穴居閫輿綉幄銀鈎
天㴟外屏裀褥取穴御苑芳英雁落平沙穴粘羽林叠壁桓桓武

柄文衡珠胎瀉月天淵映輝法甦丙池食禄瓚闌金蓮側露穴在花心上臨積卒統馭千軍玉衡掛斗天倉顯文柱史儲卿甦耆倚雲屛天樞地軸威名千里穴居中宫奎宿所履以上龍法作於景純紛錯糾纏形難具陳得魚忘筌頓悟以心生旺起祖清純入穴水纏砂轉蔓若瓜瓞認根識榦認枝識葉山乱勢奔水亂勢結蛛絲浪萍隱隱冥冥入土不滅入水不湮上哲辨氣下哲辨形形氣俱得殃福自真視淵若要視參若暄元而又元難以言言古人之没莫拾糟粕東南華暖西北凜冽雪水未消湖水易竭揆高衡平視

生處穴實粤烟銷霞蒸雨歇殘苔發機游刃一節蝦鬚蟹眼立論紛紜蓋粘倚撞化生腦唇神不傳目化不傳心庸師懵懵五行不分既泥羅經又多謬星指生為死鑿凶裂純上瀆天垣下毀地文靈暉不照白晝杳昏幽堂慄慄已福盡傾嗟夫斯理言之渾渾聽之悶悶苟非智者交臂不親遇元淹脩草野悲吟敢昭珍秘謬吾後人雖曰先賢之淑教亦杞人之秉心杖龍山人董遇元編

水龍經第三卷總目

總論

郭景純水錐賦 董遇元編

天星垣局圖 共三十六圖

天星垣局圖

龍額藏珠賢輔所生上應華盖塋隨曲衛

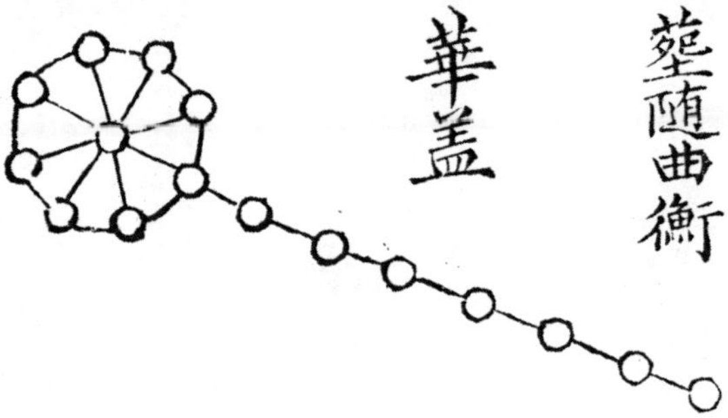

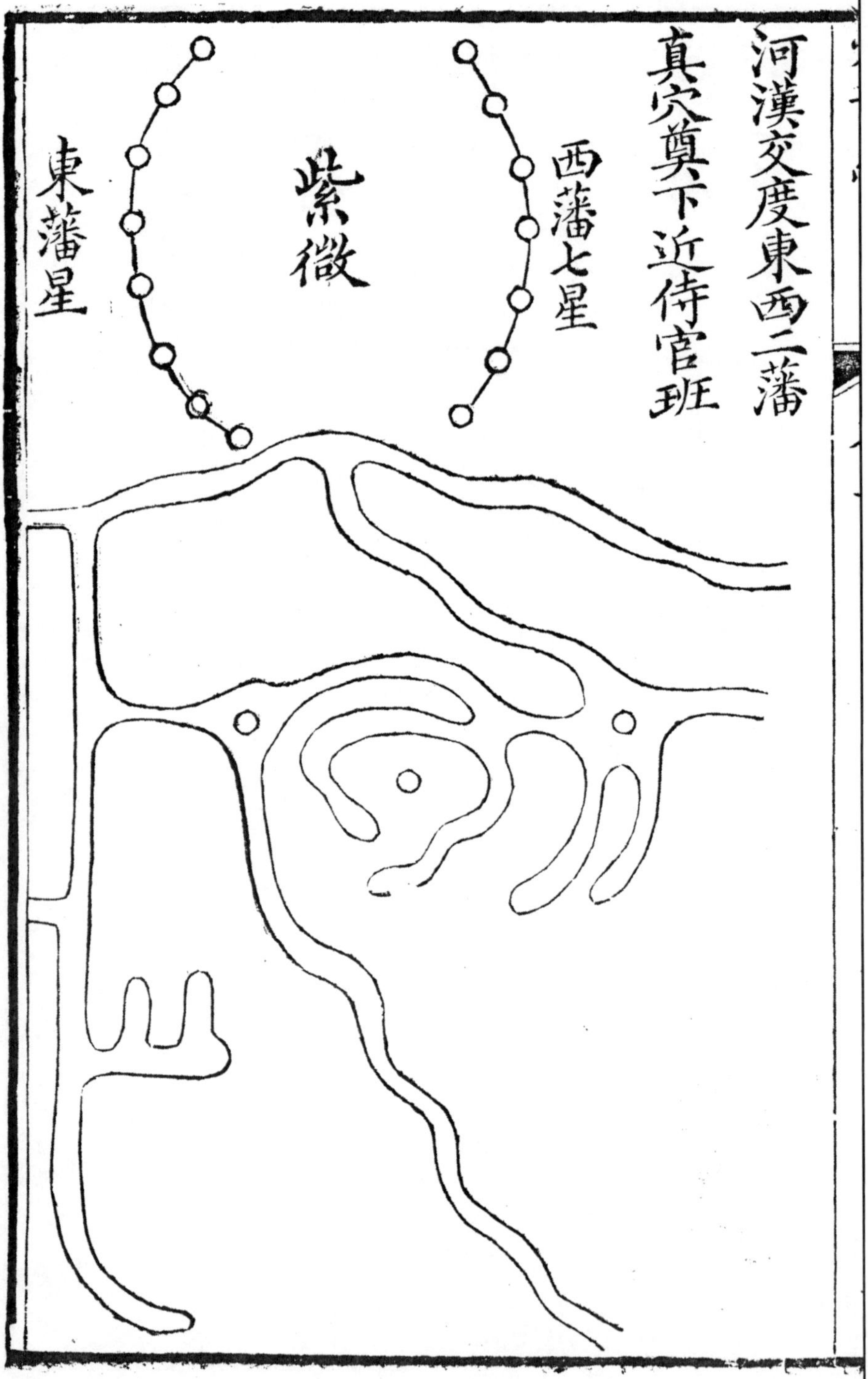
河漢交度東西二藩
真穴奠下近侍官班
西藩七星
紫微
東藩星

天府壎篪躍通天苑
穴點龍睛名揚翰院

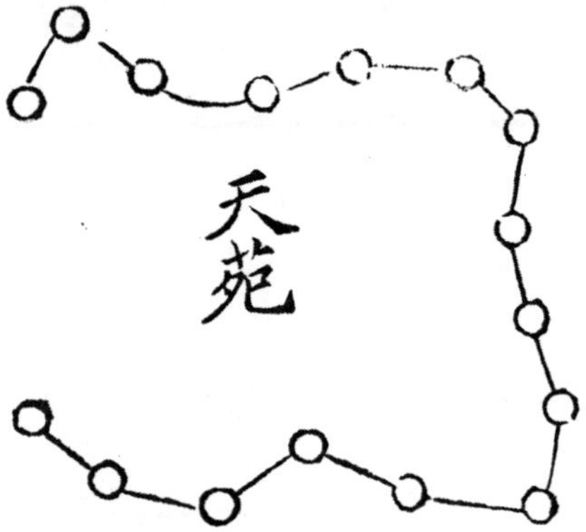

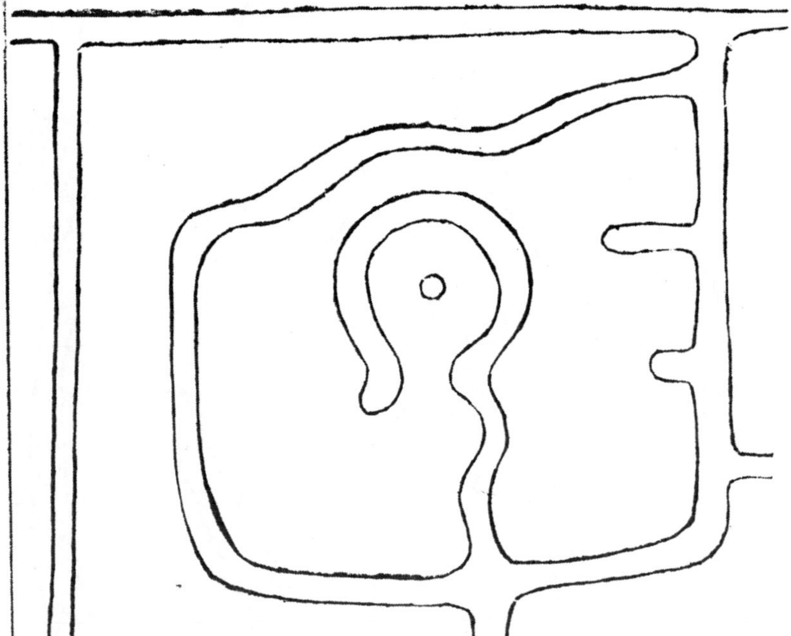

虹飛飲海將軍氣
揚帷幔內穴威振
邊疆

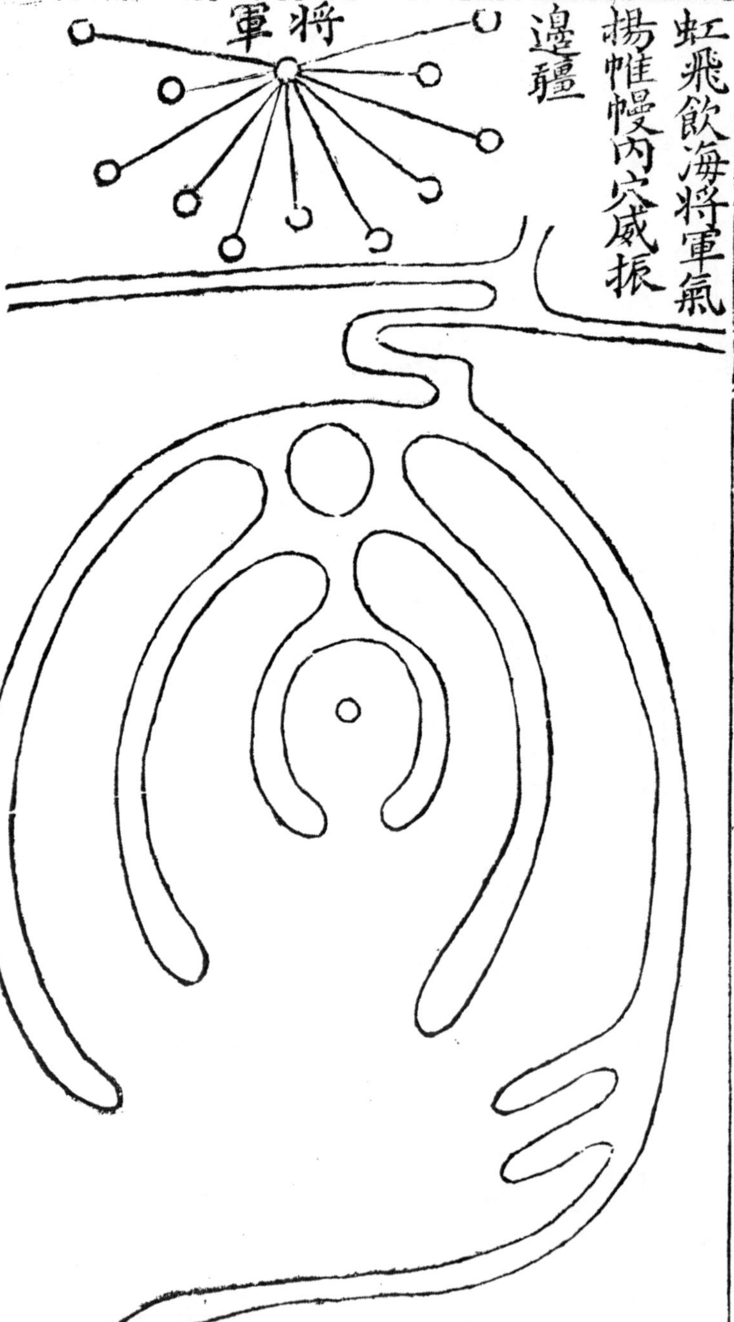

蟠龍飲乳軫宿
所處內穴京堂
傍為驃騎

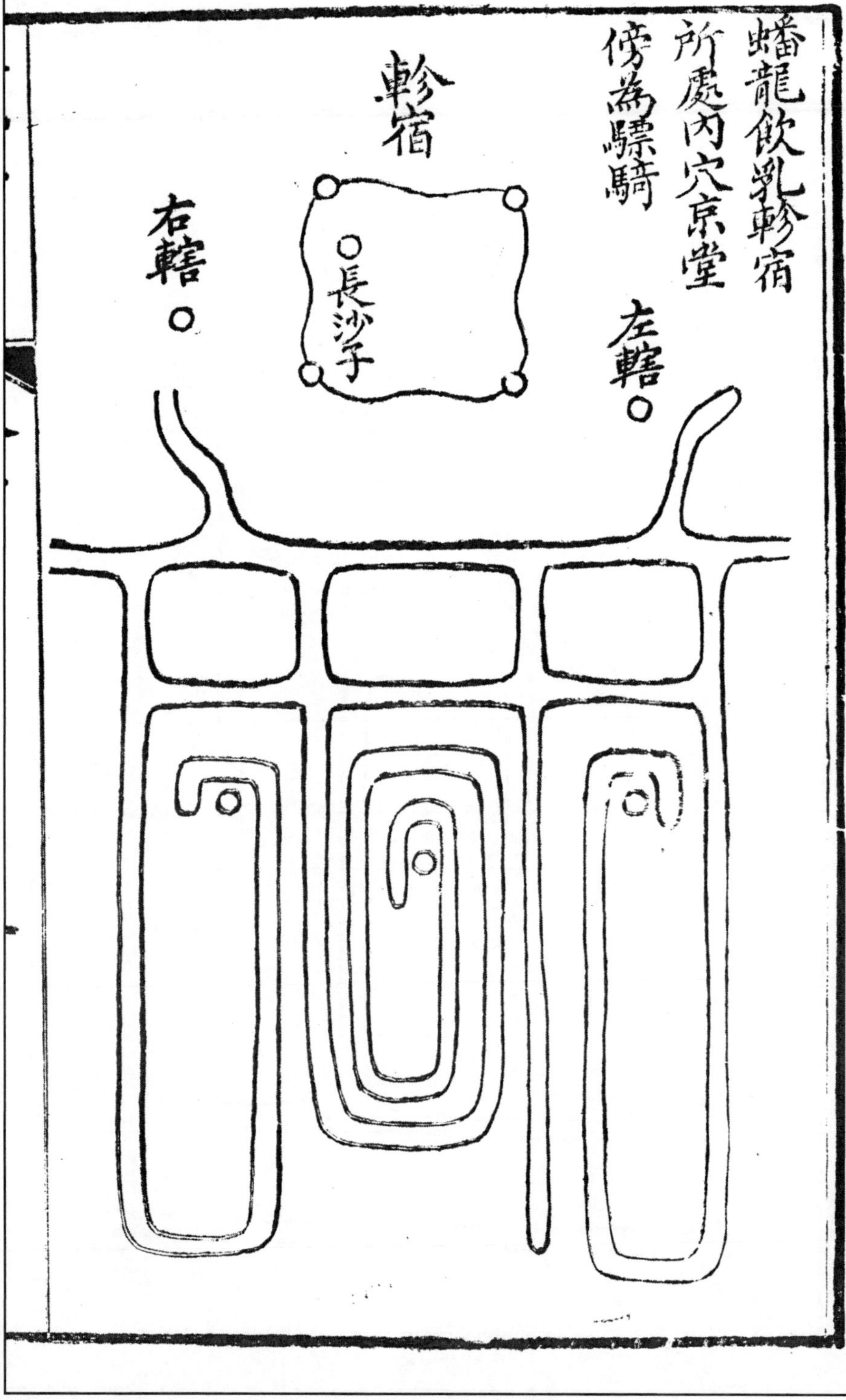

錦屏掛鏡上
輝天錢穴藏
中宿主嫡貴
賢

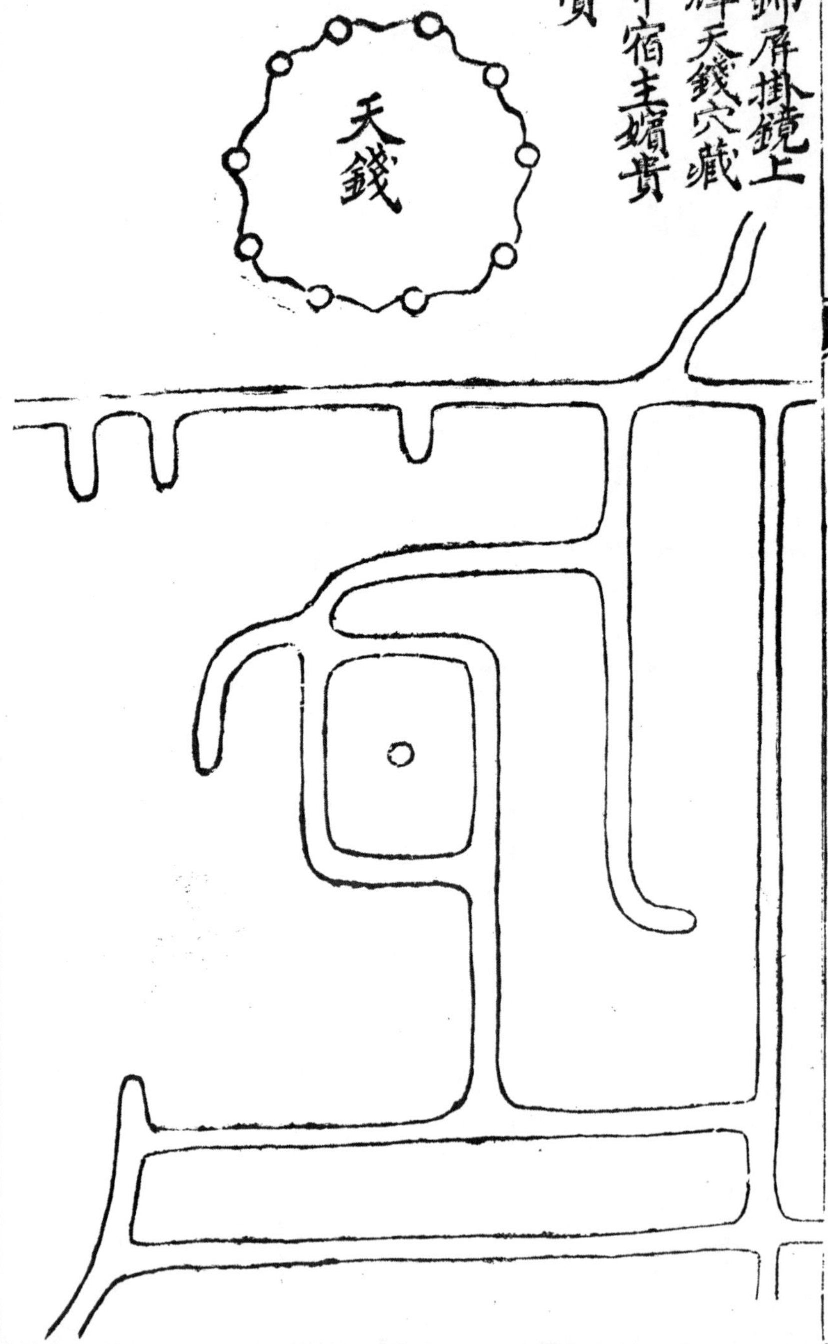

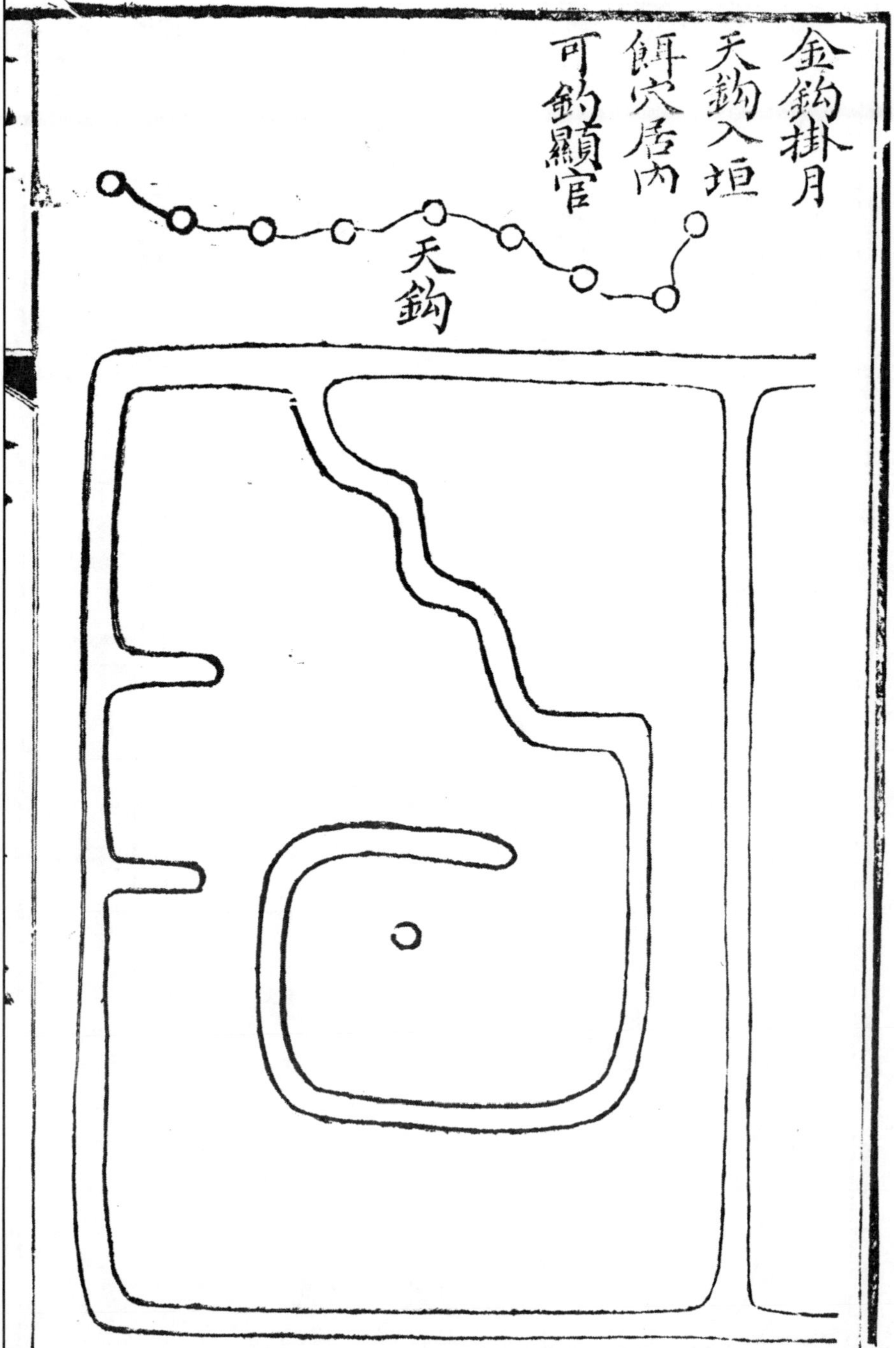
金鈎掛月
天鈎入垣
餌穴居內
可釣顯官
天鈎

天衢献印漸臺秉應
穴候中數貴雄百秉

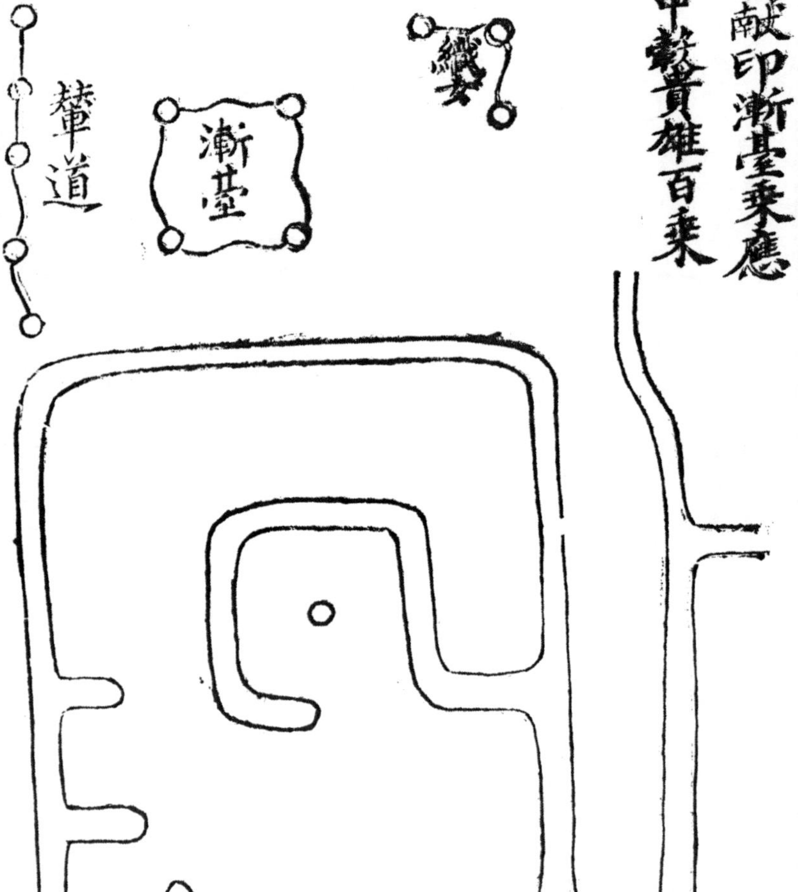

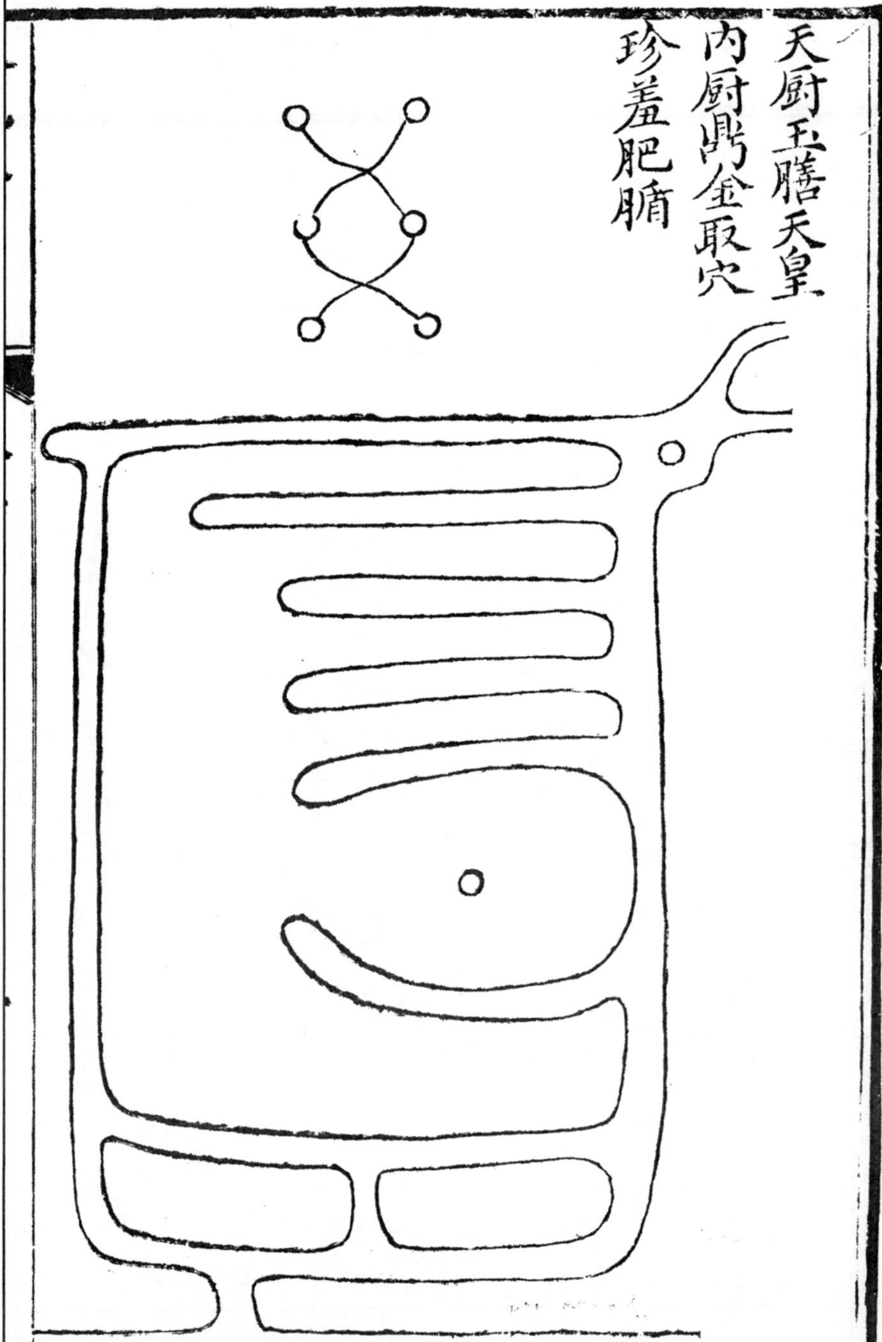
天廚玉膳天皇
内廚呺金取穴
珍羞肥腯

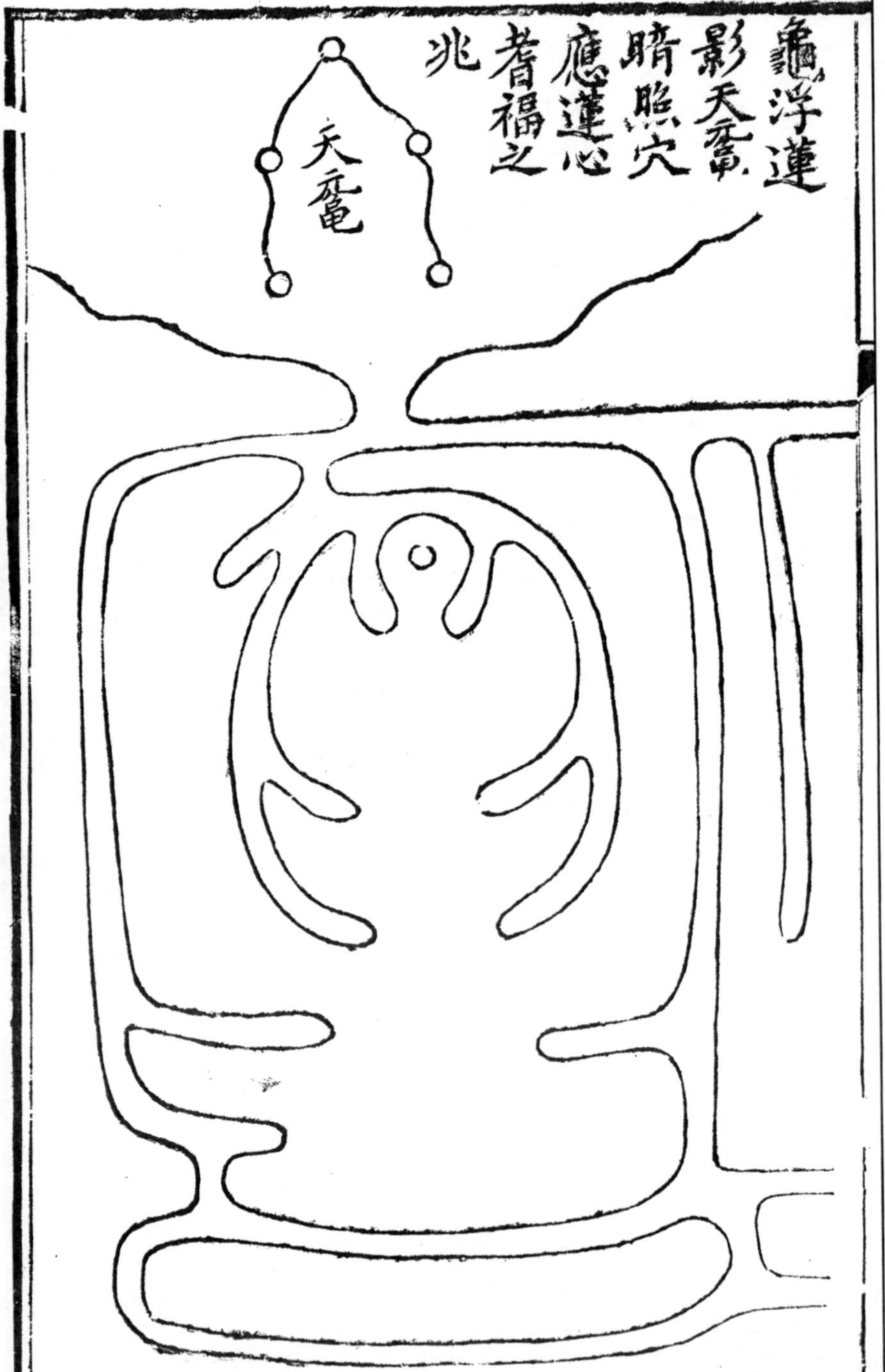
龜浮蓮影天竈睛照穴應蓮心者福之兆
天竈

瓊屏玉架上應丘車
牙籤夾穴翰史榮華

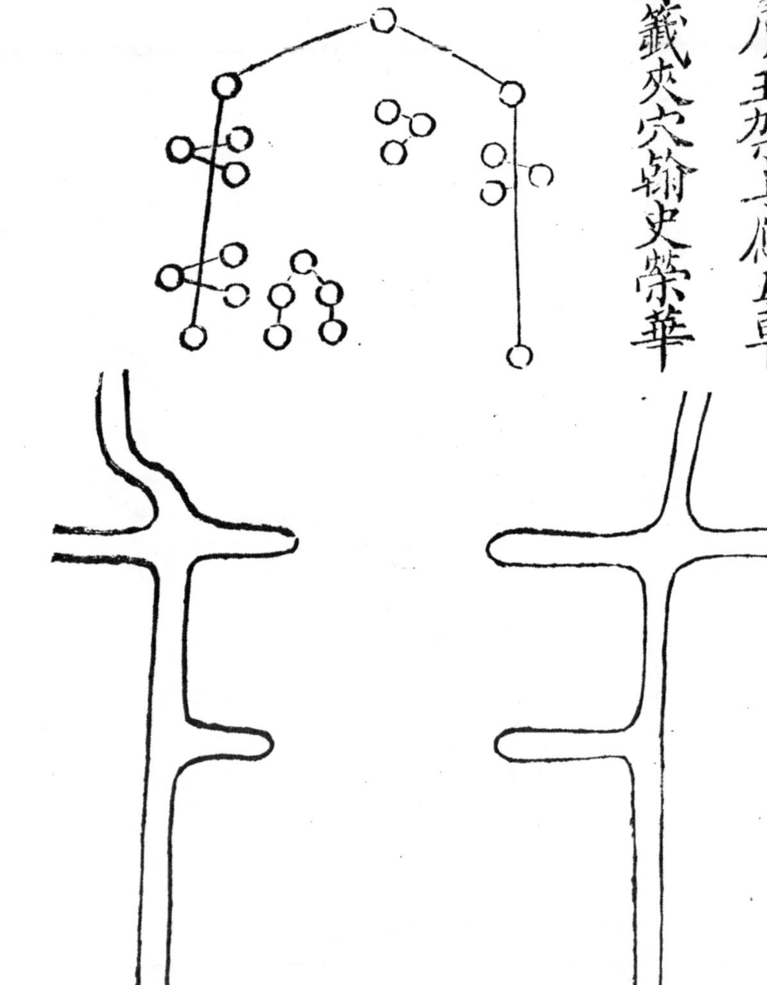

玉階五級翼宿所居
穴乘羽翰飛步天衢

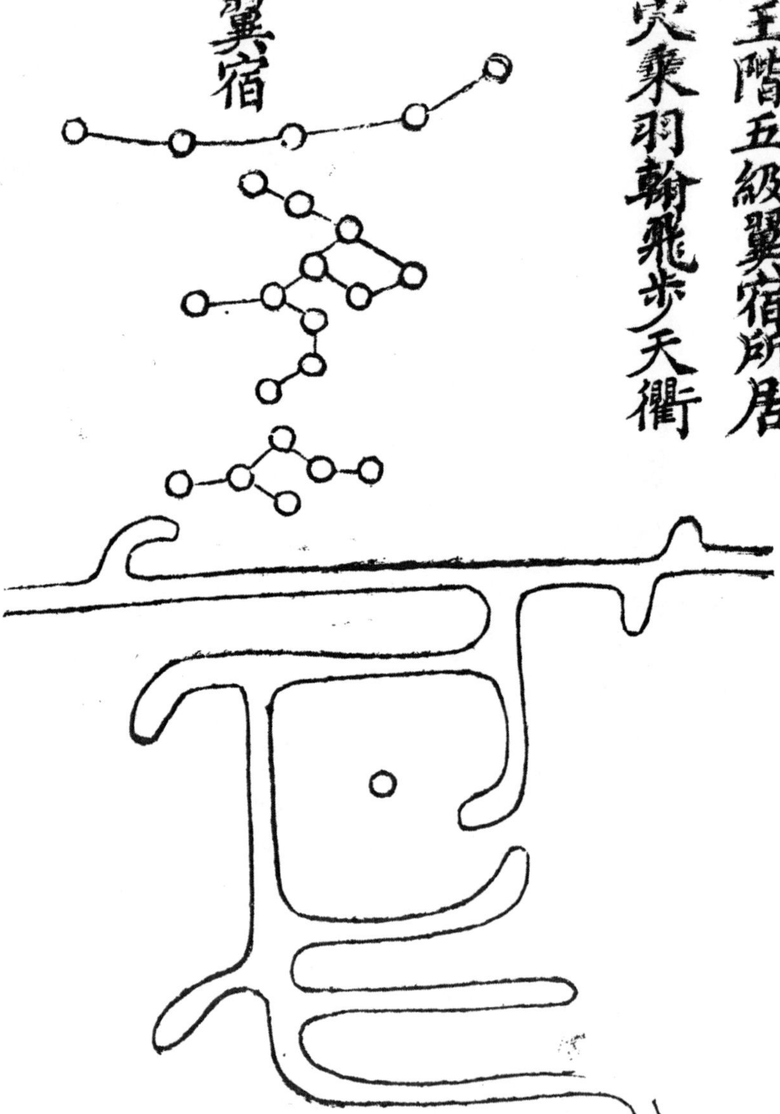

瓊筵結綵八魁聚靈
隱褥取穴錦繡聯英

八魁

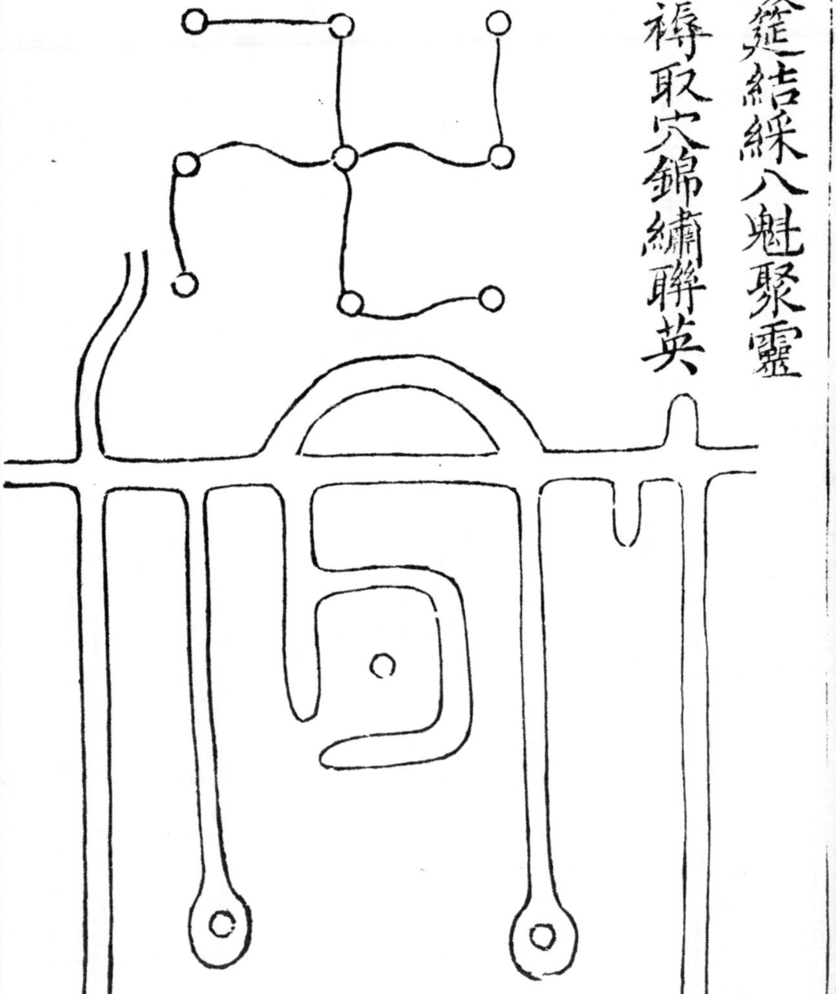

金鎖瓊闌斗宿所
藏穴轉曲窩金資
萬箱

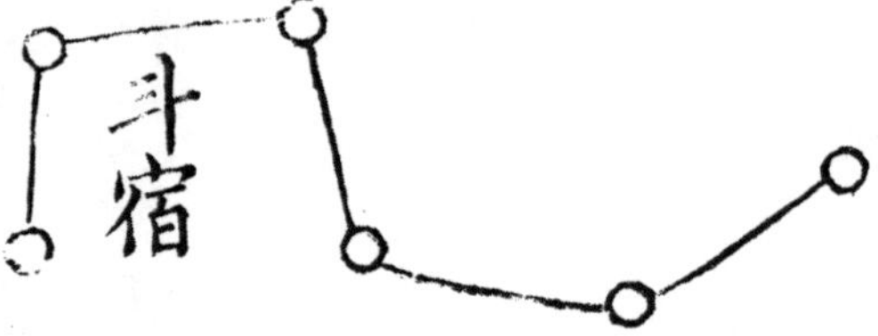

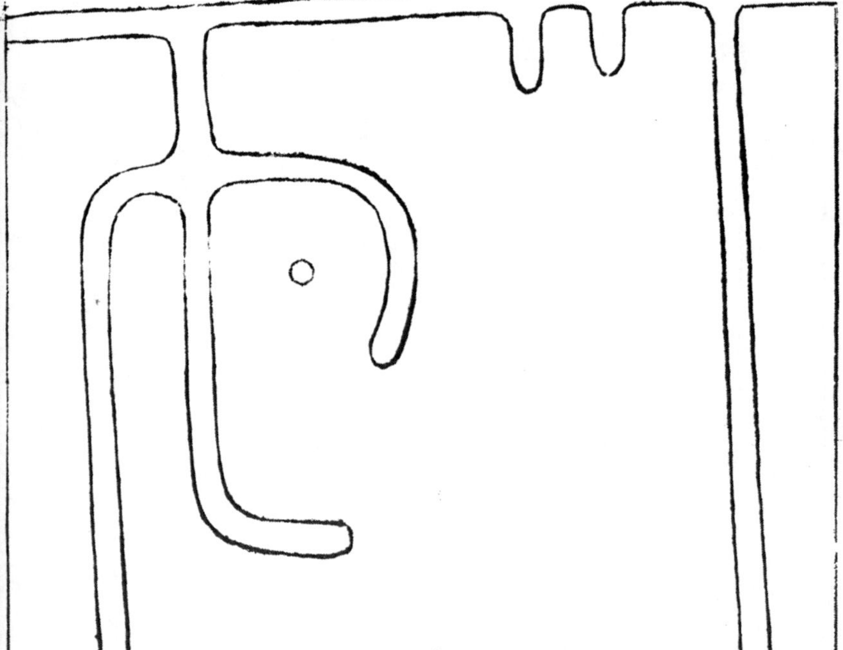

玉堂文幕器府璘璘
福穴居内笙歌滿庭

器府

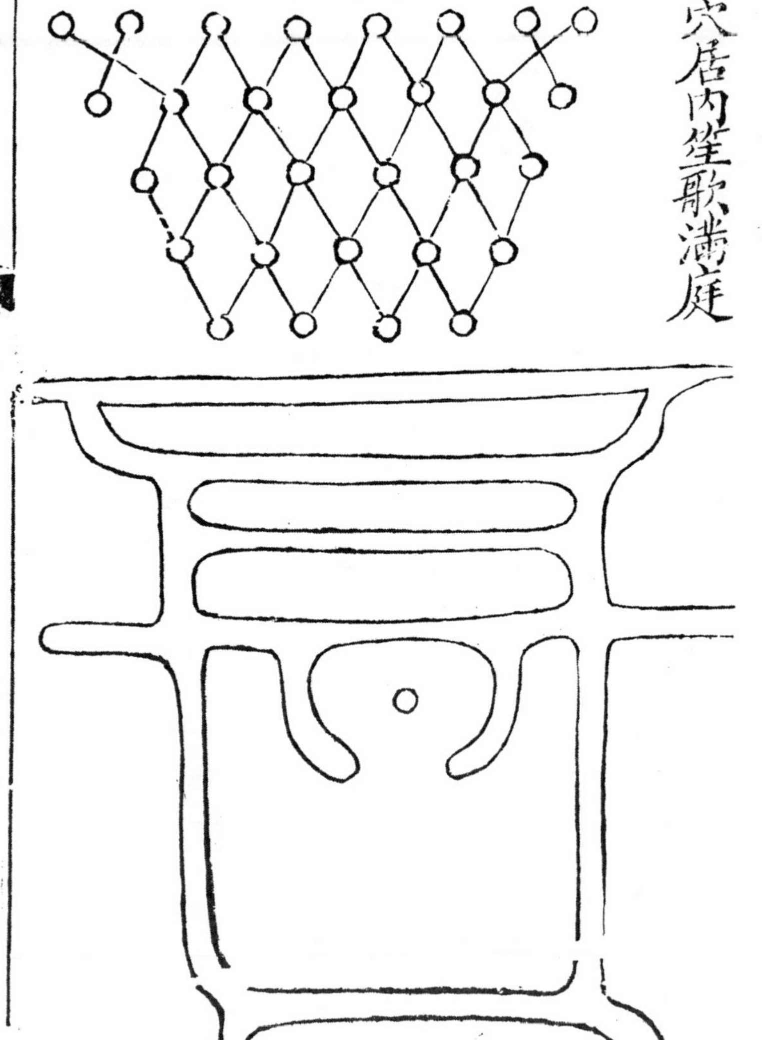

虬龍蟄首
女床星列
突臥唇簷
肥遯賢哲

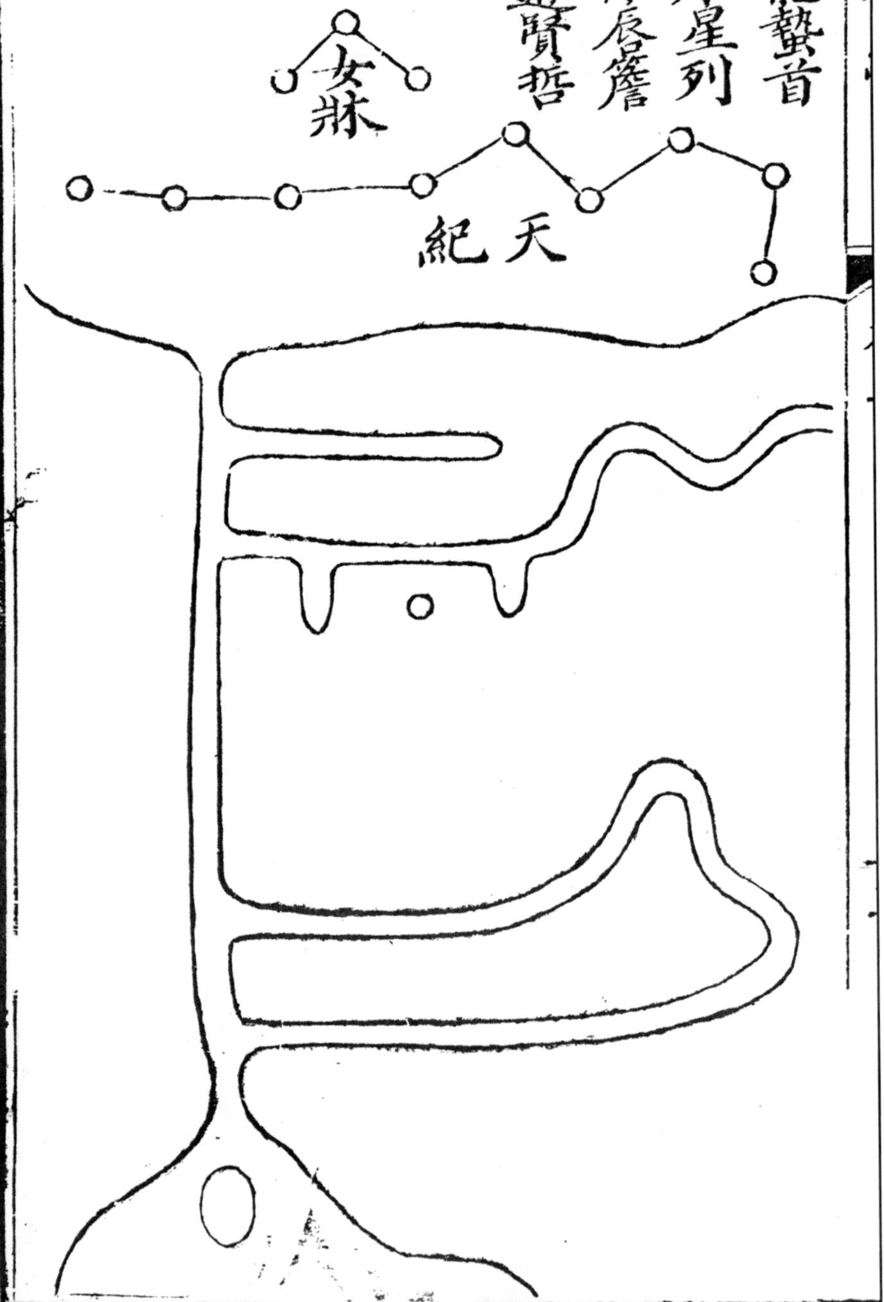

芳城秀衍上配
天田塟居中央
阡陌連綿

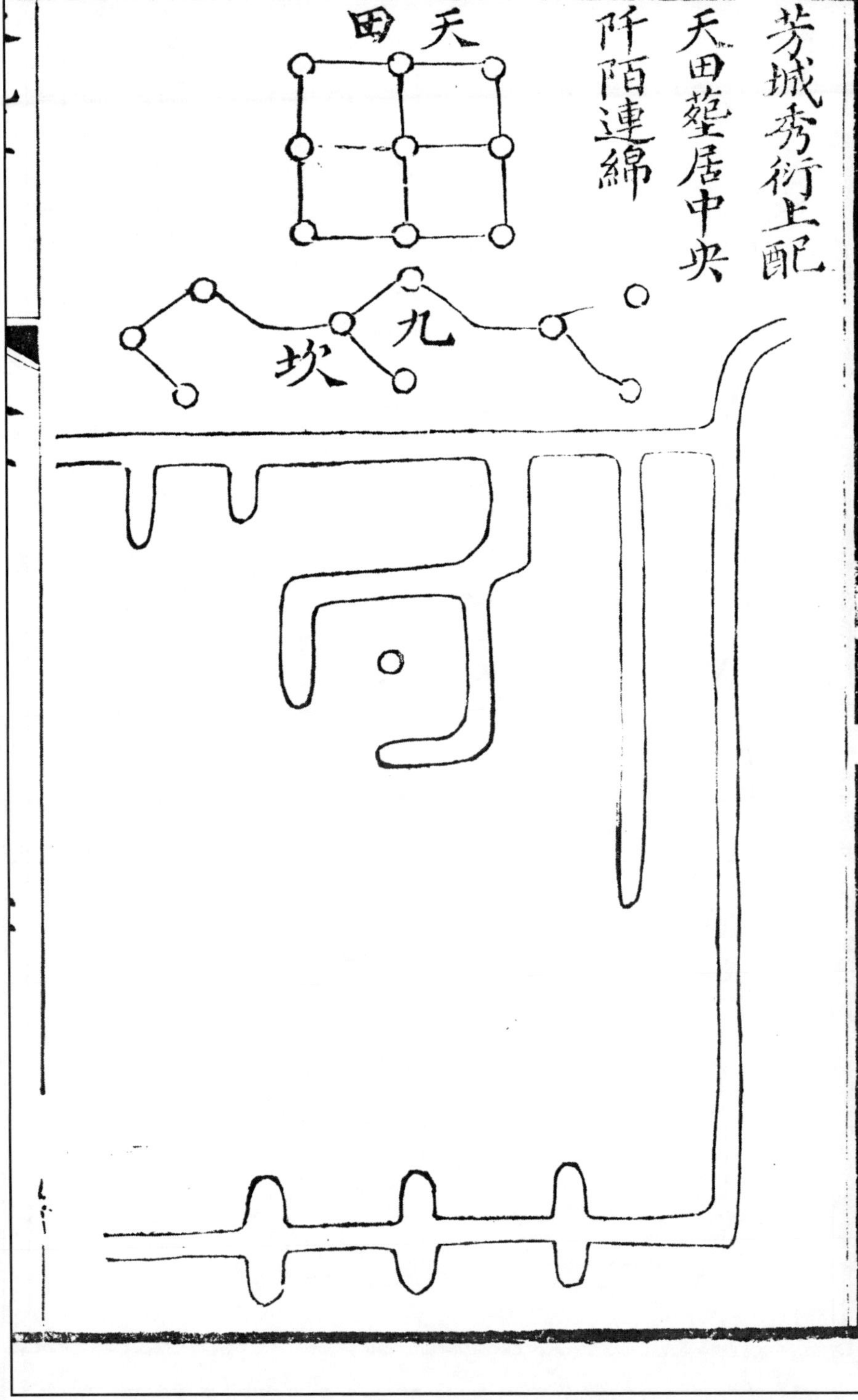

玉練纏天上應文曲穴居剪
裁補袞之職

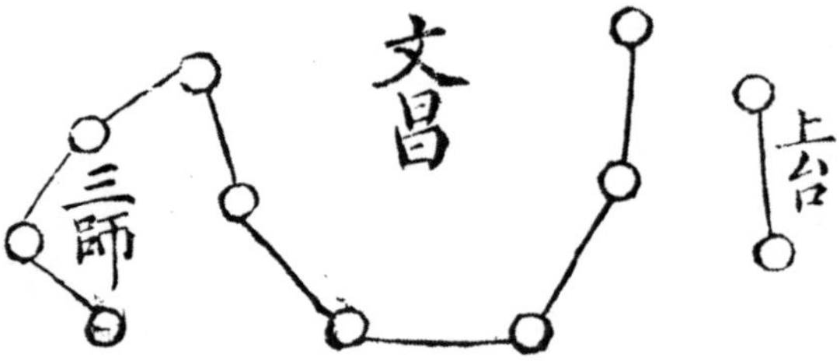

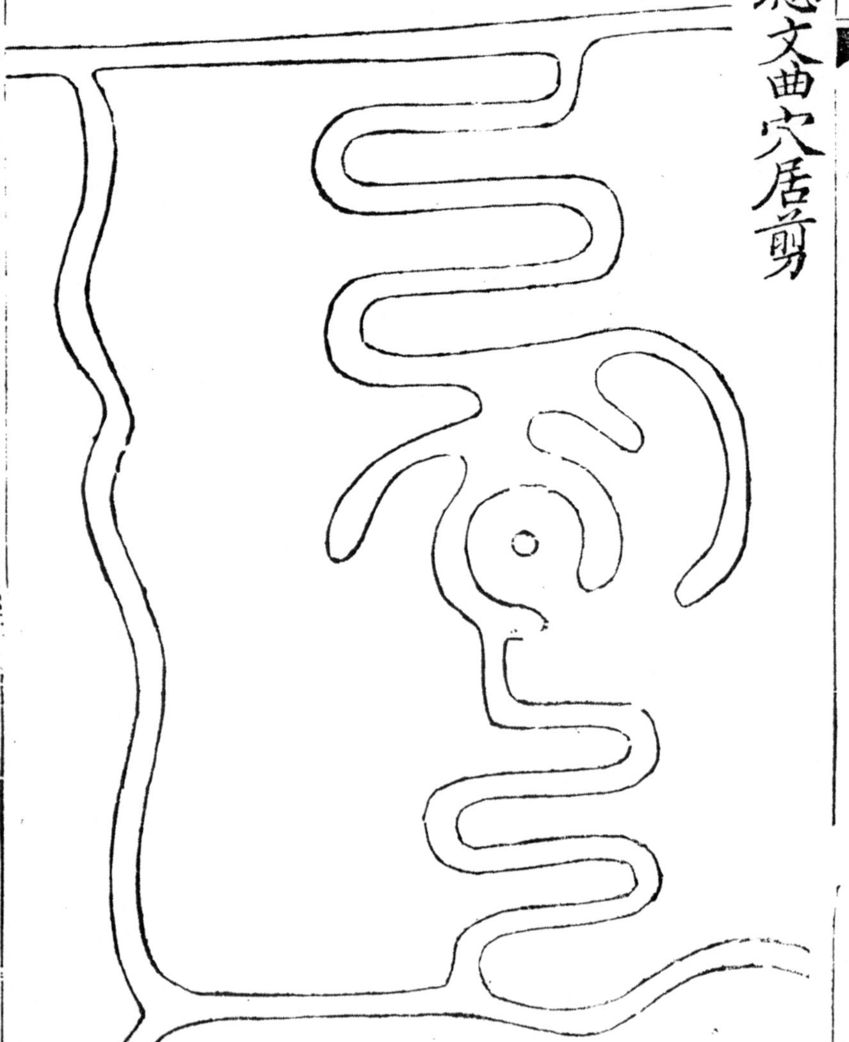

金闕牙班庫樓森張玉
案作穴列
爵鶴行

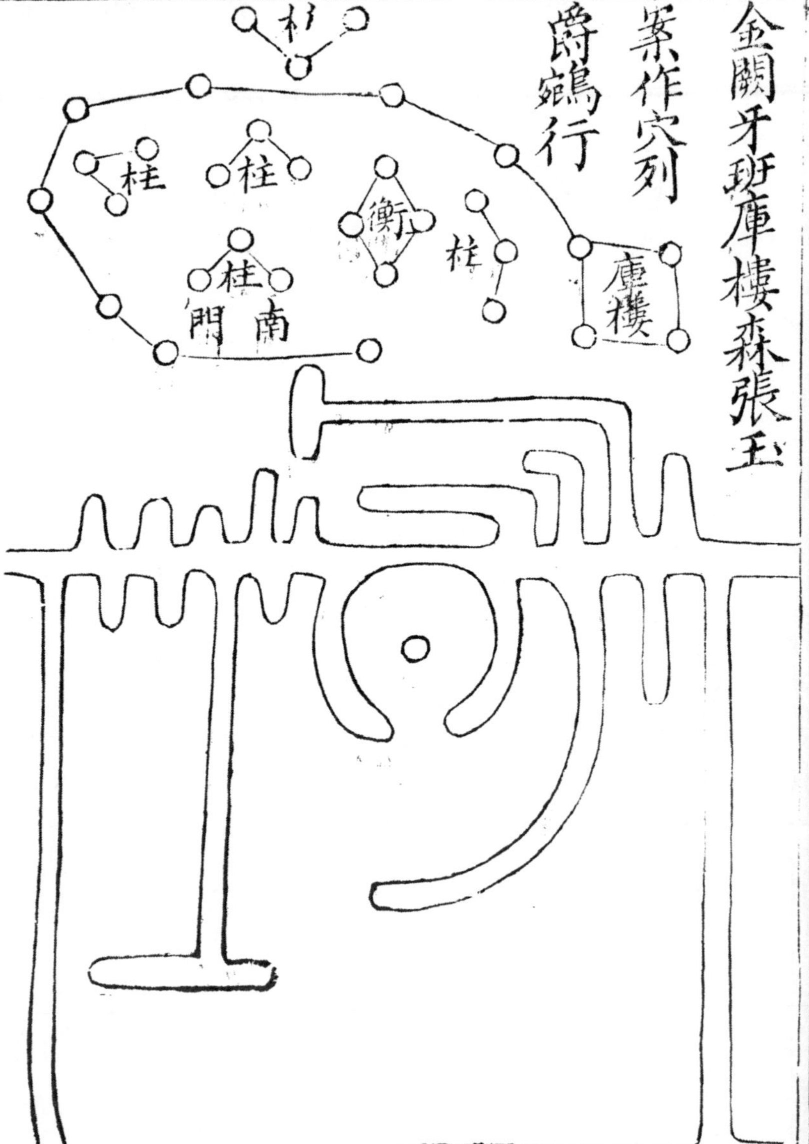

旁橫九晼天廐
曜明穴點旁眉
負宸揚名

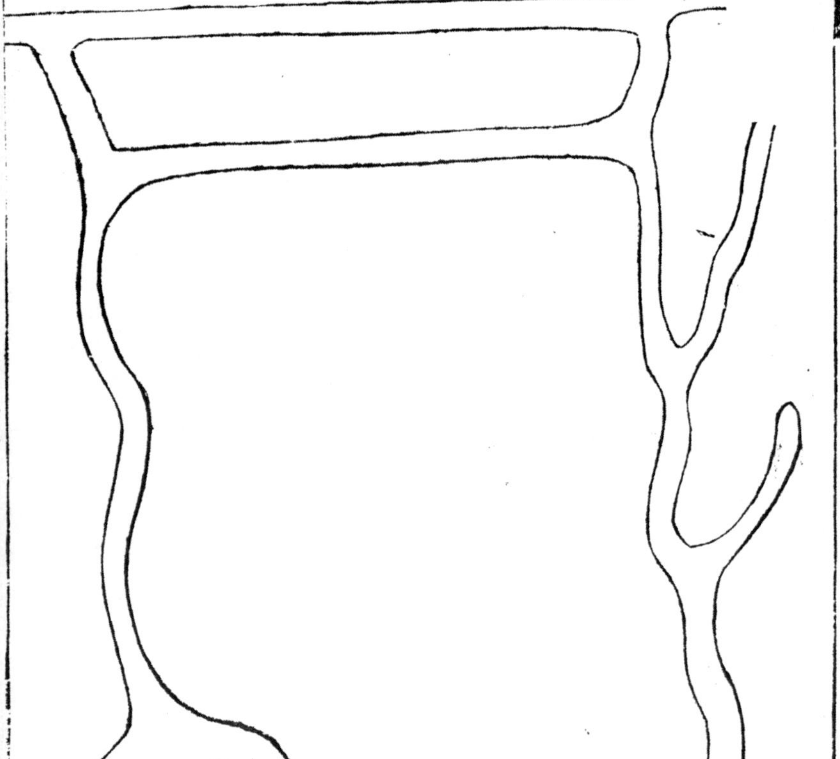

陽河瀦祿上應斗斛

穴鍾日精冢宰之福

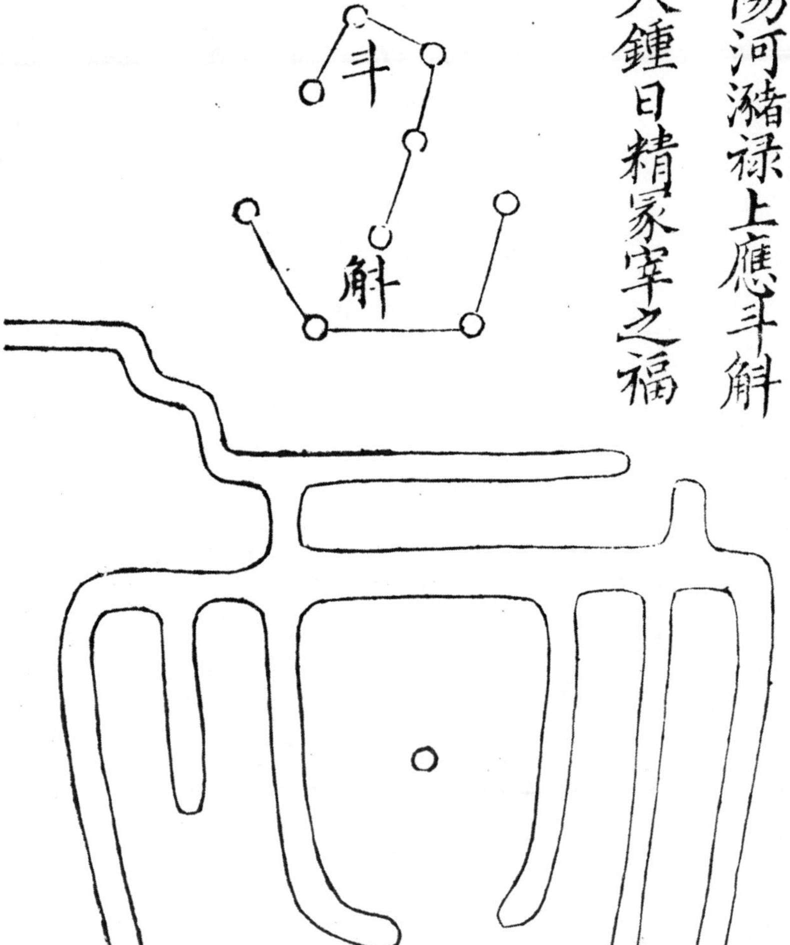

陽隱纏揮郎位亹
亹參差點穴簪纓
幾里

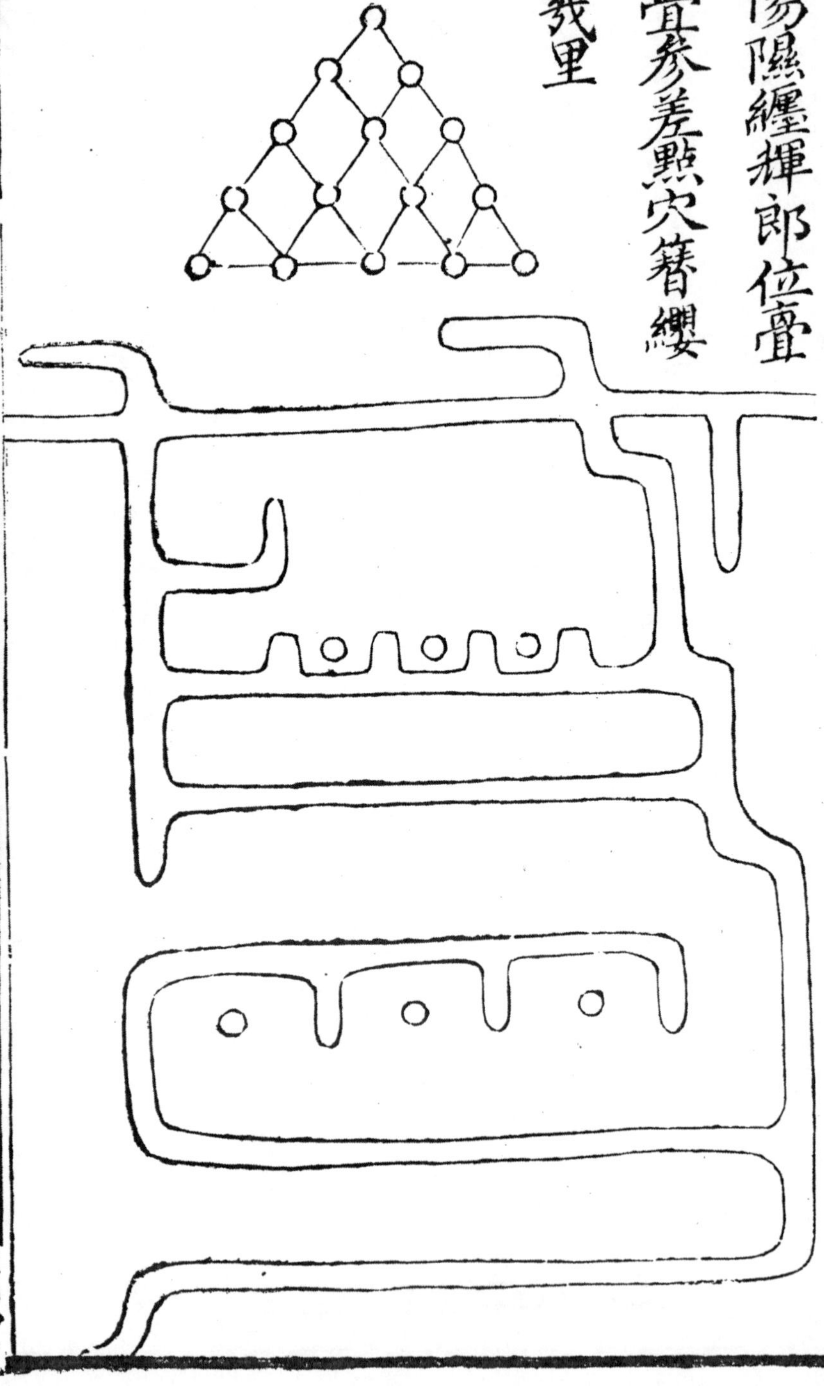

神龜拾蛤六甲奮光穴居豐頸巒理陰陽

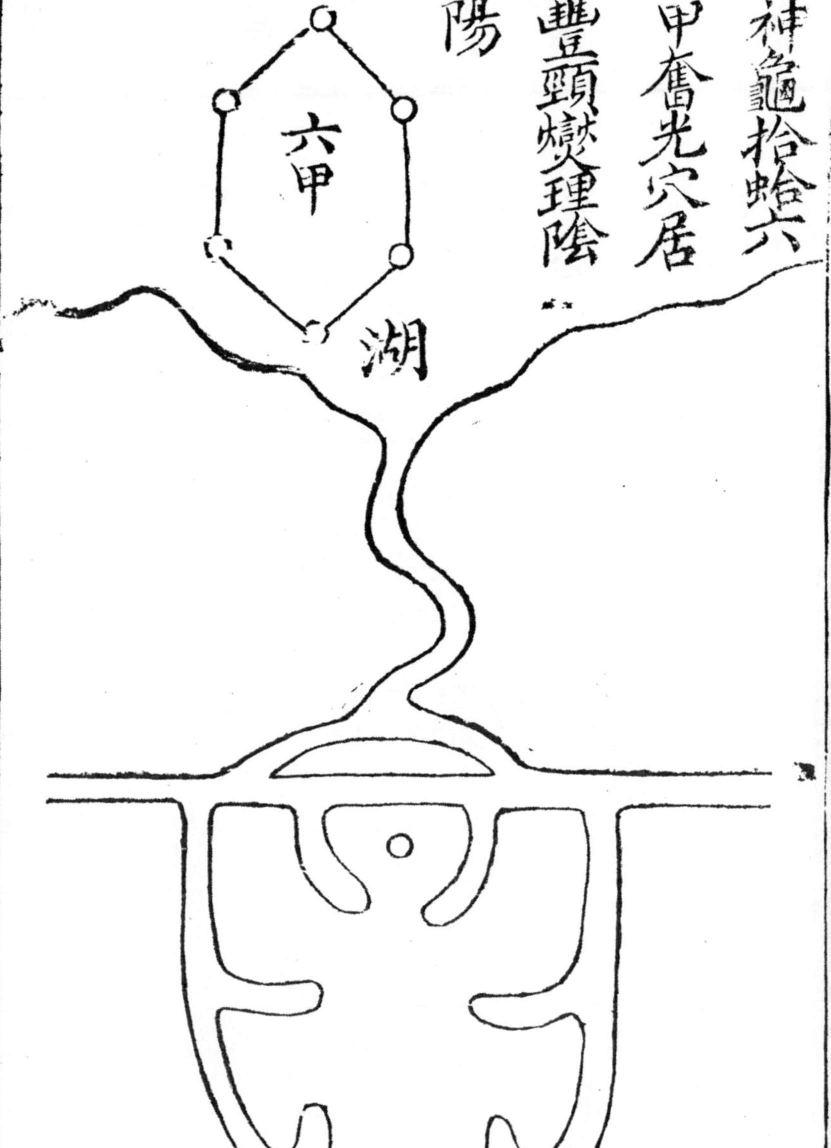

驥嘶棹尾
左映旗
星壟繫
其頸陣
上揚名

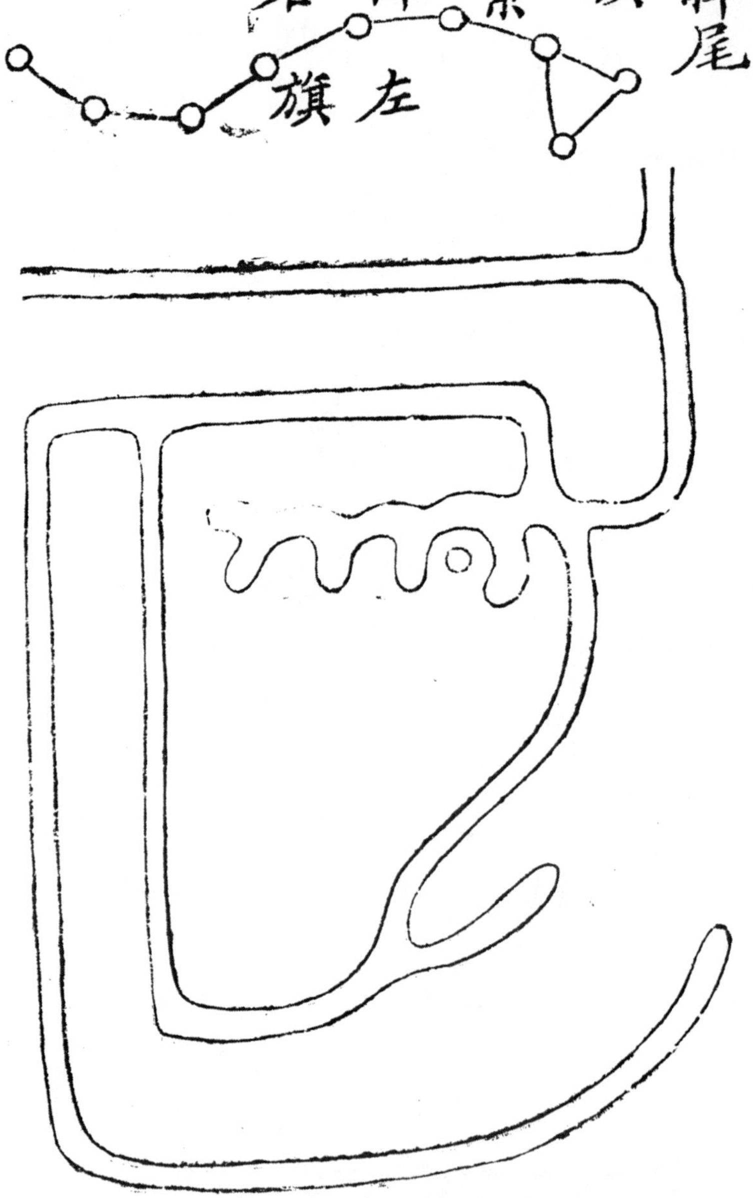

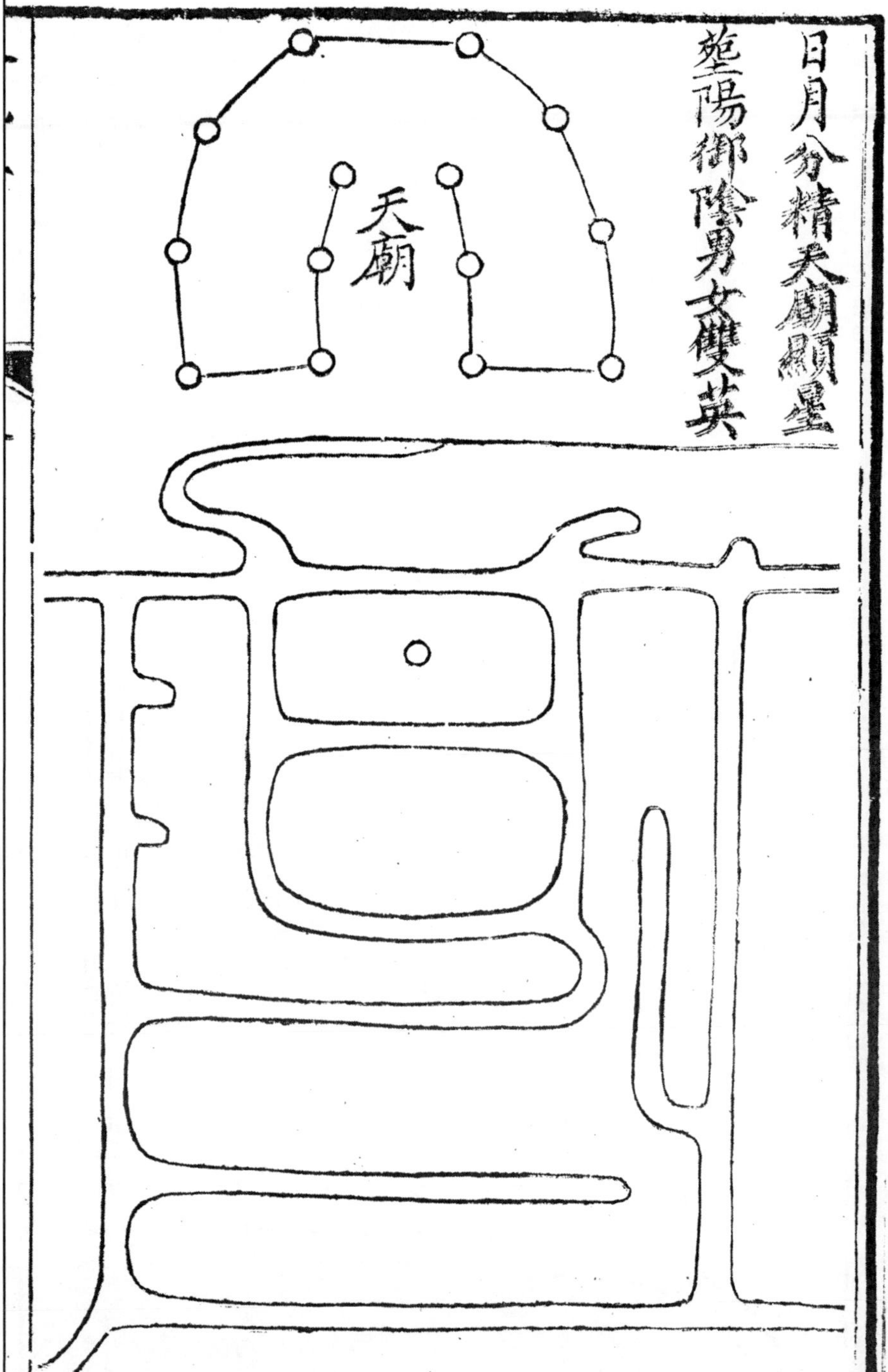
日月分精天廟顯星
塹陽御陰男女雙英
天廟

雙虬聚英左右執法穴齊端門名縣顯達

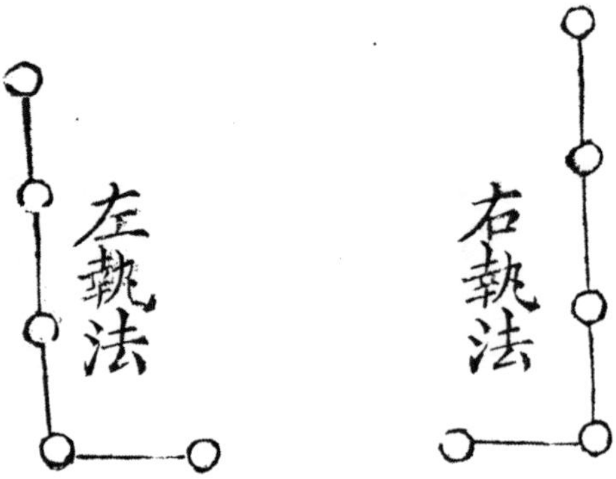

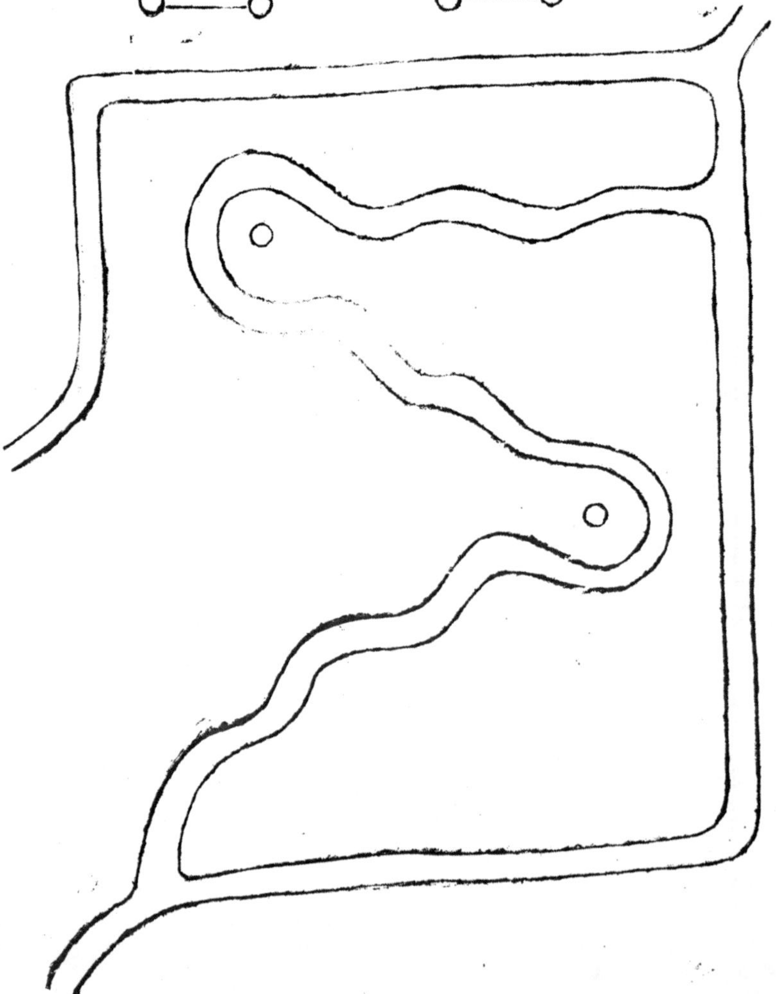

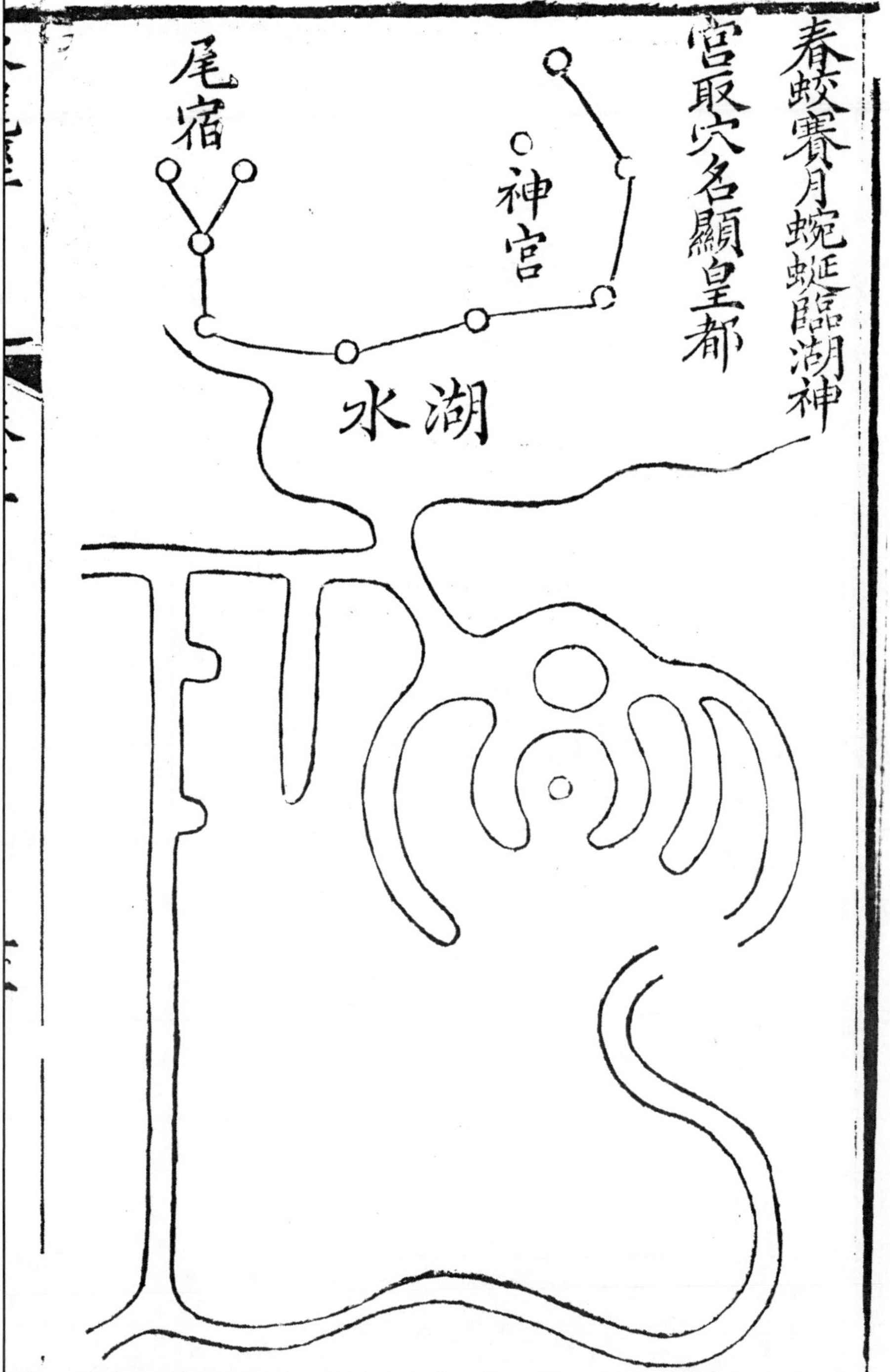
春蛟賽月蜿蜒臨湖神宮取穴名顯皇都
尾宿
神宮
湖水

金盤出匣牛宿所臨
葬肴點饌列席華
裀

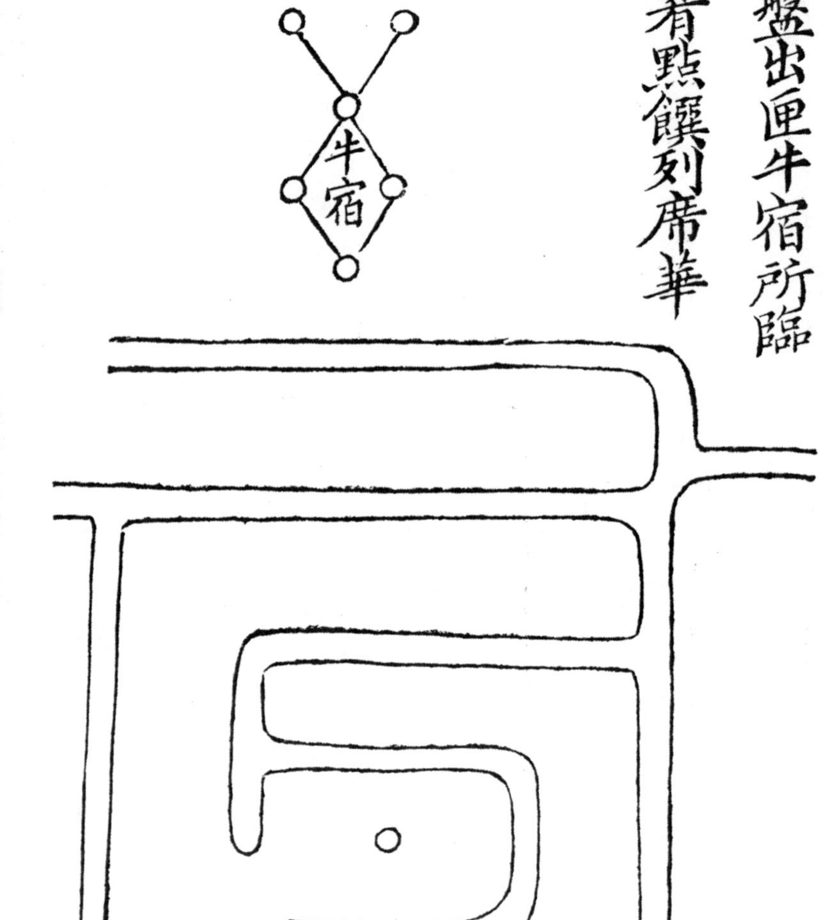

金倉玉粒天囷顯赫
葬其中廩祿錫萬石

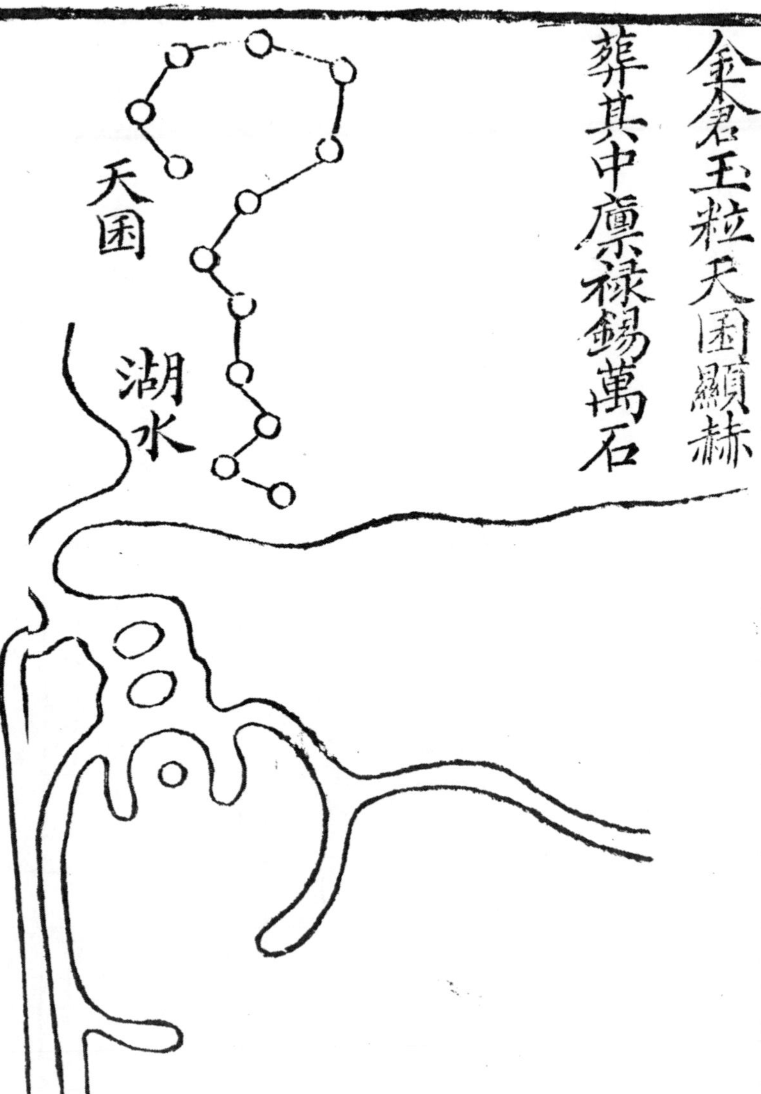

玉女鋪床天床
森照駙馬儀賓
穴居閫奧

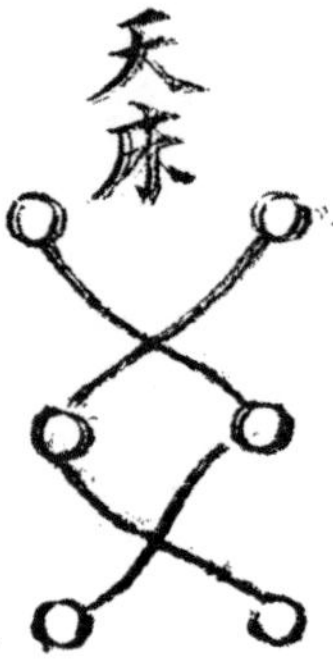

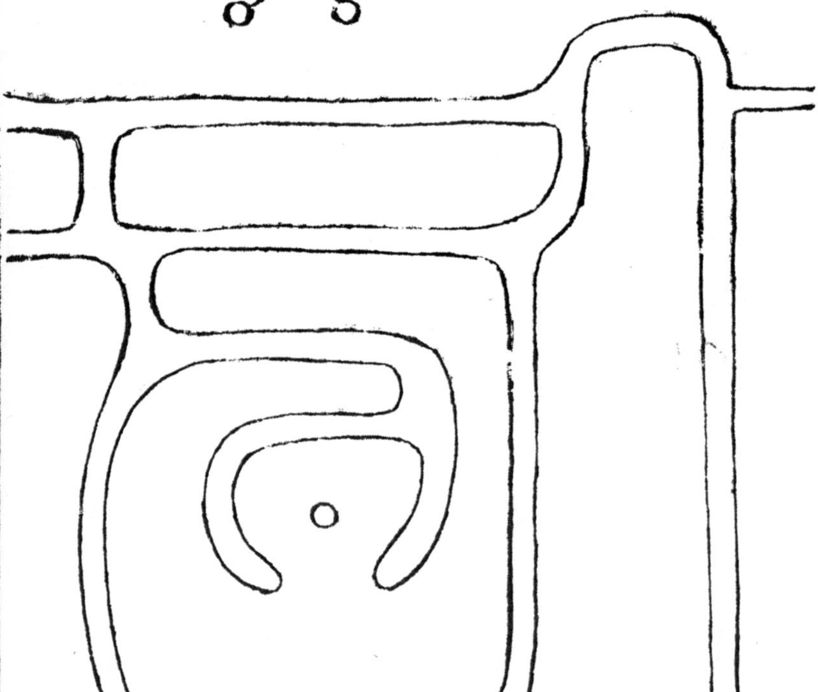

繡幄銀鉤天涵外屏
裀褥取穴御苑芳英

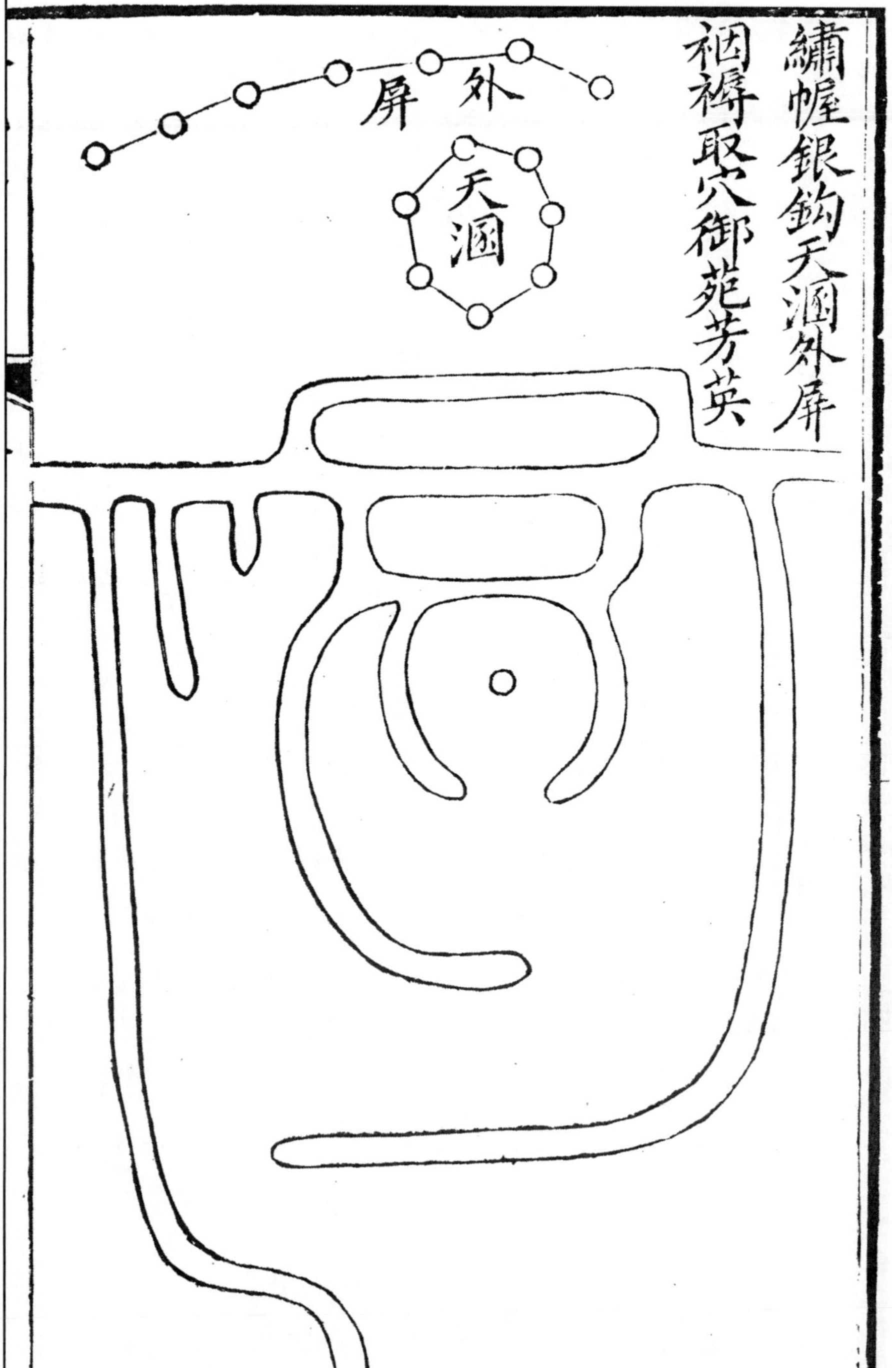

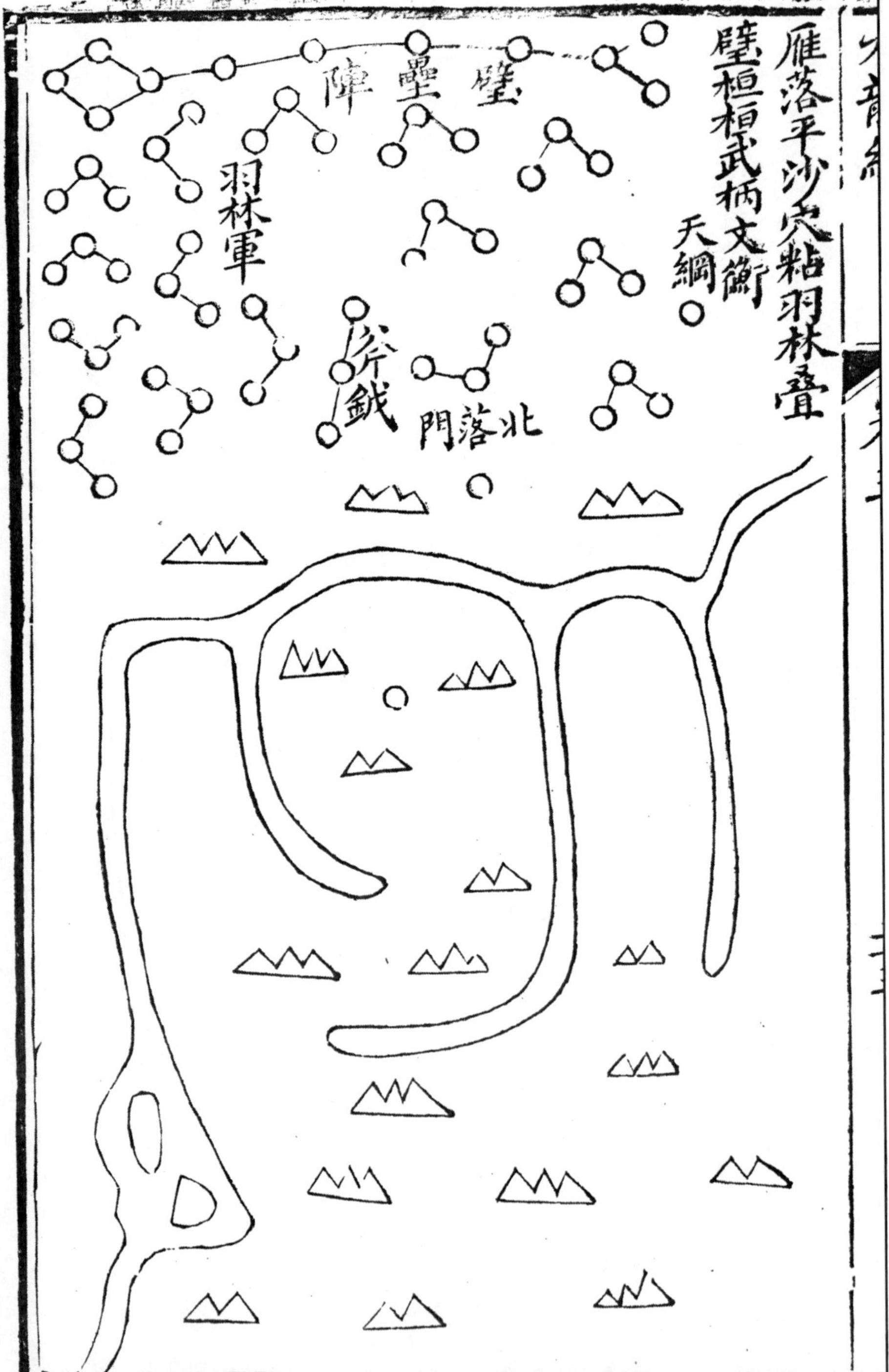
雁落平沙穴粘羽林疊
壁桓桓武柄文衡
天綱
壁壘陣
羽林軍
斧鉞
北落門

珠胎鴻月天淵映暉
法葬丙池食
祿瓊闈

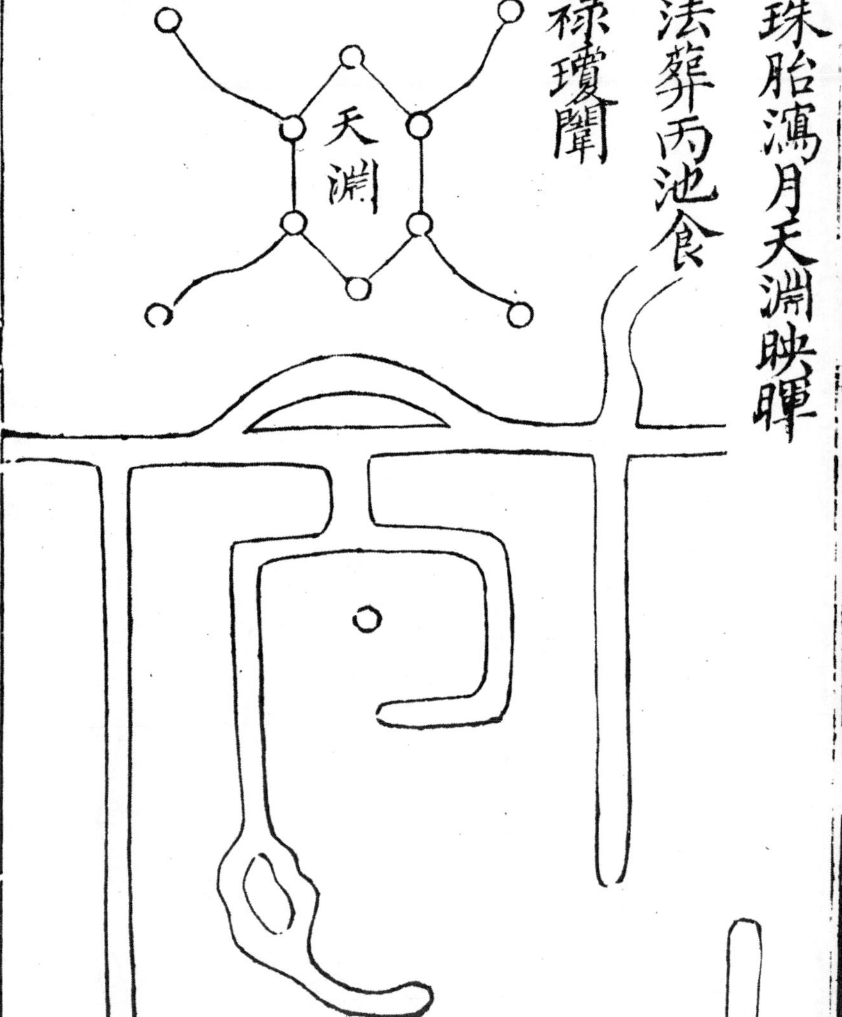

金蓮側露穴在花心上臨
積卒統馭
千軍

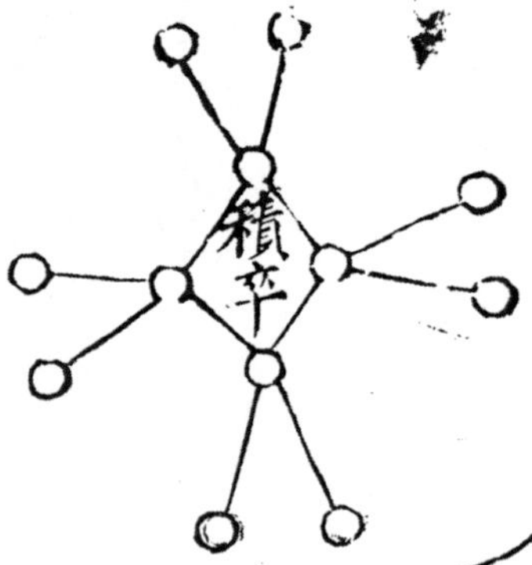

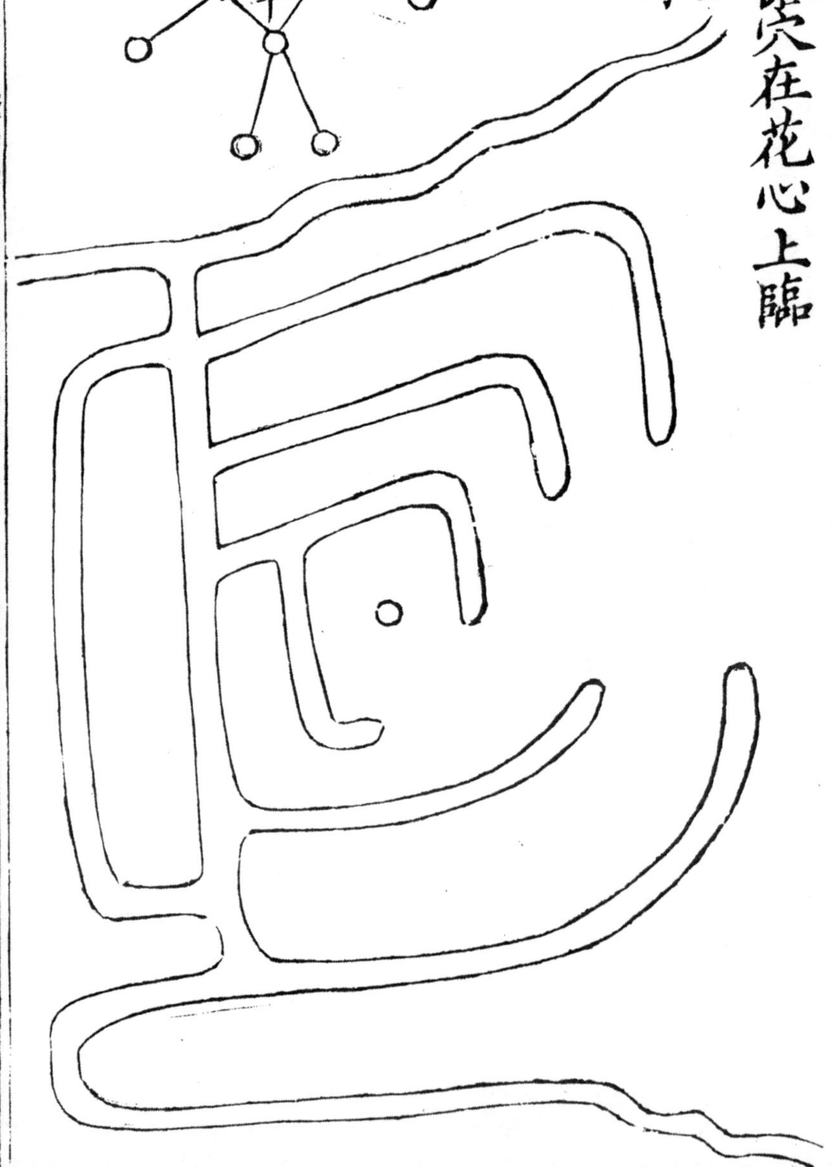

玉衡掛斗天倉顯文
桂史儲鄉巽倚雲屏

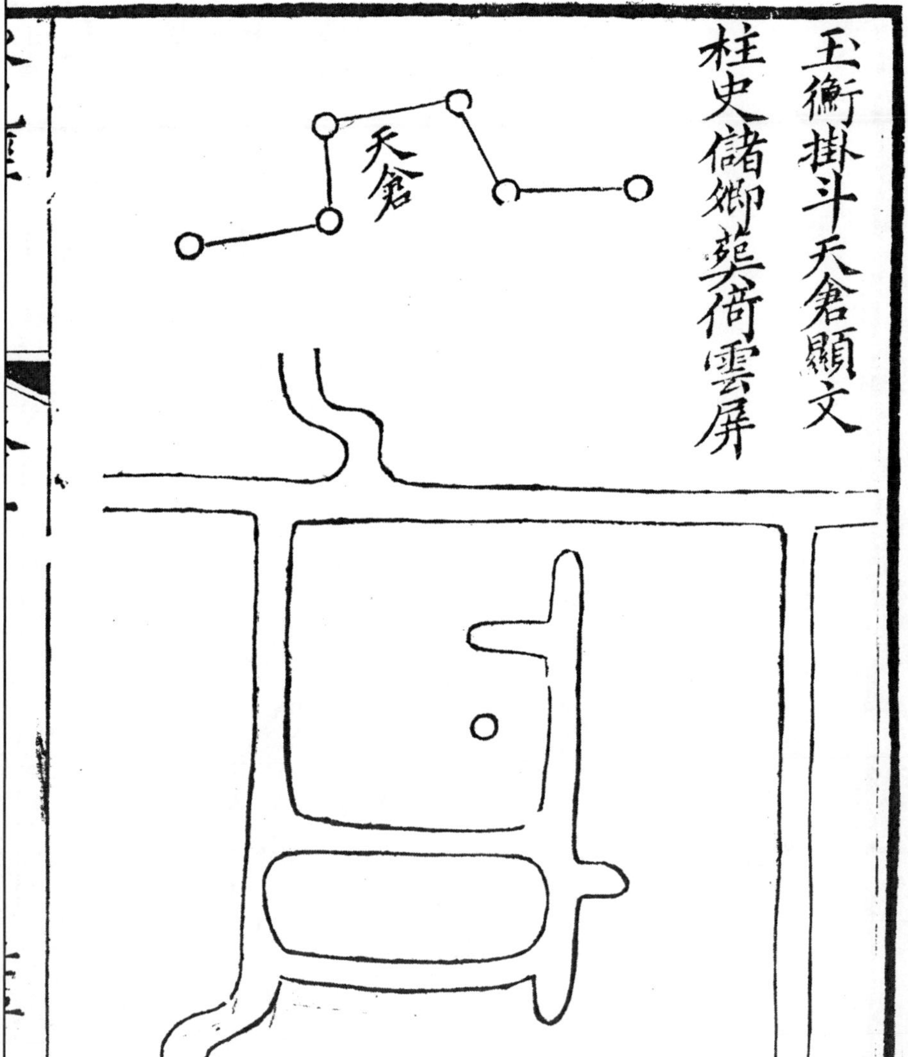

天樞地軸威
名千里穴居
中宮奎宿所
履

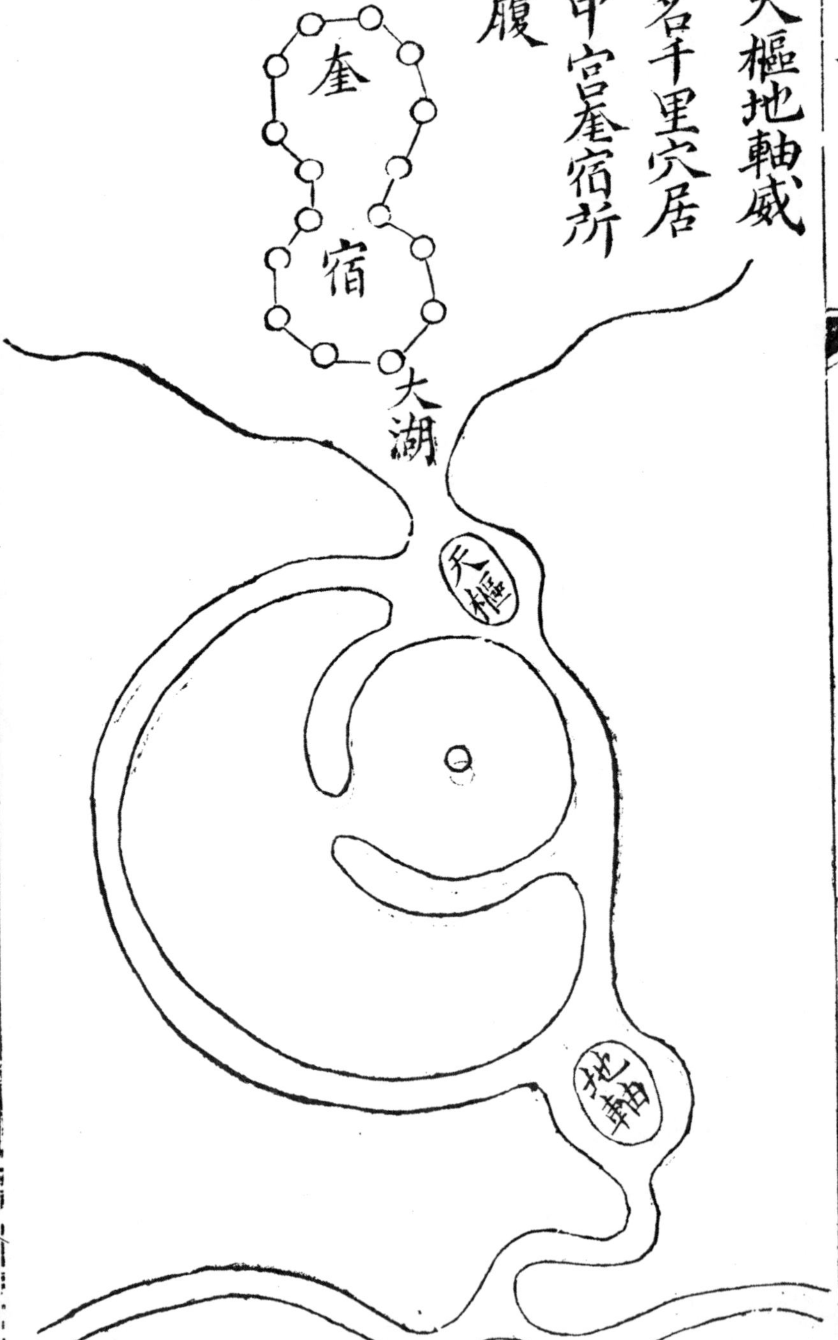

水龍經第四卷

總論

此卷專言水龍象形肖物之義與天星垣局厥旨相同蓋天有是星即地有是物水能成此形即能象此物此與玉髓真經楕物論龍歸於一例原本亦云景純氏作其文不古比之星鈐有雅鄭之異為後人之傅會無疑予最取其篇首山郡以山為龍水郡以水為龍二語為地理家千古開闢之論必非淺學之流所能庶幾其餘文多粗率義多穿鑿略之可也又云水口交鎖織結雖順亦吉

局內穿割箭射縱逆何庸允哉通達之識若採其圖局則艸尾露殊雙龍戲感入懷諸格深得水龍微妙法而亂中取聚則又裁穴真機確乎不易之至論也夫喝形點穴予于山龍極論其非豈茲水龍反取其說要亦因文節取讀者貴有變通亦緣世人論平陽者指示形局專取地之形為形而不知水之形為形故博搜其義以破世迷成一家之論云爾

原序

山郡以山為龍水郡以水為龍三吳諸郡江楚二邦皆枝水交流一圩之地不過里許前賢謂以水為龍正此處也相水認勢葬得真穴富貴悠久經云江淮大地無龍虎渺渺歸何處東西只把水為龍葬丁發三公萬里無山英雄迭出其貴在水縱是浙閩多山之地一離山脉亦作水龍至於蘇松之地近海通潮六時潮来六時潮去来口便是去口去口便是来口兩頭會合為交精潮退兩分為乳蔭妙處在乎潭漩生活喜其之元潭漩聚精神百倍之元

現變化無窮屈曲来朝不論大河小澗遠流曲抱無分江海池塘經云地道剛柔神變化衆流聚處引元機小水聚多而愈妙直流揔大不為奇内直外勾多巧結内勾外直枉勞心横過抱身為抱局對面曲朝是迎神進局入懷要兩邊之抱應流来入腹須四畔以包藏前後特秀即為華盖附身交合便是金魚両来合局是朝星二泒交流為合脚六建四邉皆護衛三陽當面似趨迎金魚腰帶抱我彎環弓局天虹當面大抱上下相朝號作雌雄両感遶身方正即為華盖幞頭衮局枝浜奇特隨見榮華穿珠垂乳源頭即

時富貴獻誥水英雄三世藏秀局富貴千秋又股無纏而驟發迎
神得秀以縣長四龍戲珠大富大貴周圍環抱悠久無疆交劍合
流生武職催官盤遶出文臣左右仙宮俱富貴蓮花垂仰定陰陽
勢若踢毬須得趣形如飛鳳翼宜長仙掌撫琴登甲第卷簾殿試
擢巍科一水曲小盤蛇局兩浜正抱是開弓美女獻羞生秀氣排
衙形局出官僚太極二源真秀貴蜈蚣百足產英雄蝦局富而雄
豪金城貴而悠久高朝局只利出姓幡花形一發便休草露孽垂
取尾露薄則出姓絕嗣順風船在居中船大則榮華富貴順水捲

簾而入贅舞旗腳轉始堪裁風吹羅帶發福遲而綿長伏蔭金魚先富饒而後貴揷花垂帶衣食從容進局入懷享福悠久金鈎宜轉腳朝元要水多果局濶大而不巧交牙際夾而有情曰字局有吉凶韡城格分真偽盤龍局勢盤中取虹食彩霞聚處尋擎傘水扦垂尾龜紋局取中尋雙龍戲感合陰陽二水垂絲鈎裹取四水歸朝防散亂聚堂旺局忌乘風砂水相關真妙局回龍顧祖巧形模勢有排衙裹局脉宜朝聚多情蛛絲聚布聚處安扦重抱盤旋水多愈妙中軍垂乳有外抱而財祿榮昌土宿聚堂得秀朝則累

[illegible]四勢不流元氣聚。彎弓一抱福天然。橫宮龍形生顯貴。借[illegible]牙龍發財源。出水蓮巧而生秀。流帶局活動為榮。蓮花局取聚[illegible]節勢。欲多枝生。蕋靈芝乳多為妙。邱原轉結。衆聚最奇。來長去知禍所無避。斜脇穿心凶禍立至。大抵來宜屈曲。去宜之元。急流者易於興敗。凝靜者福壽綿長。水口交鎖織結雖順亦吉。局內穿割箭射總逆何庸。此等水法理致最微。不特知之者鮮而講之者亦少矣。

水龍經第四卷總目

水形肖物圖

六建格

出神童狀元宰相

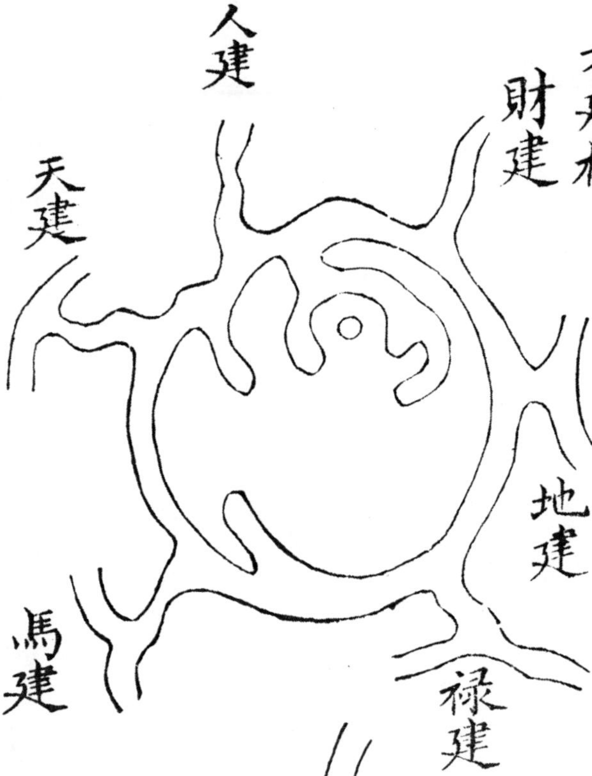

迎神水局

出神童狀元

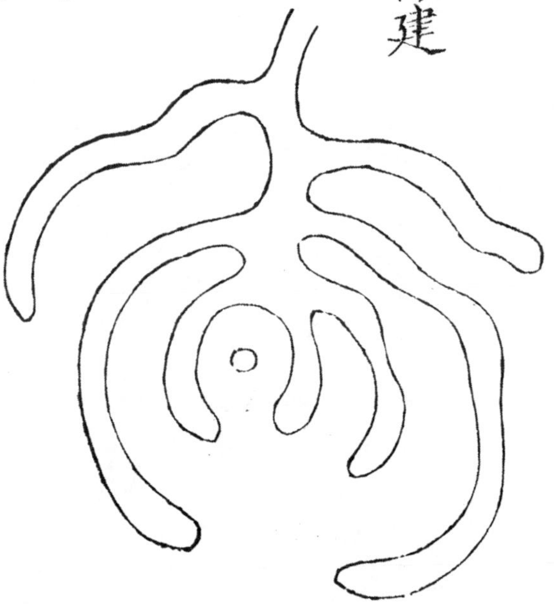

金魚腰帶格

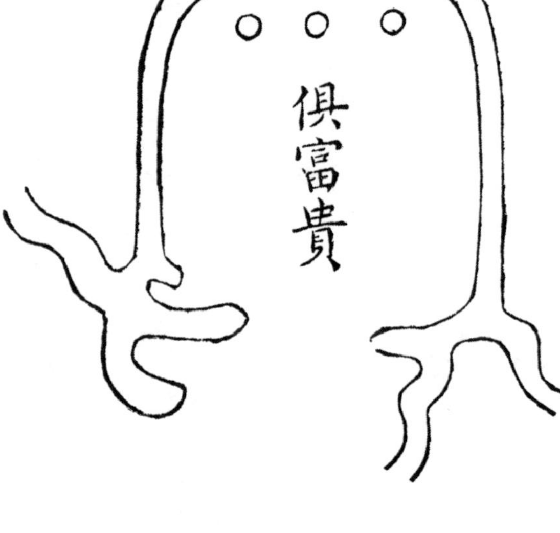

此為天虹格

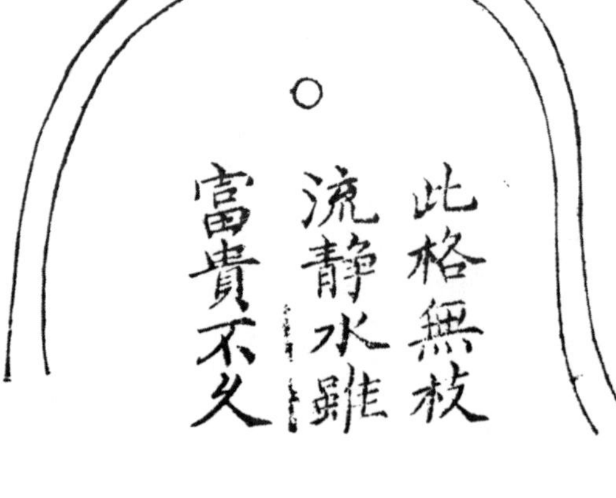

弓局格

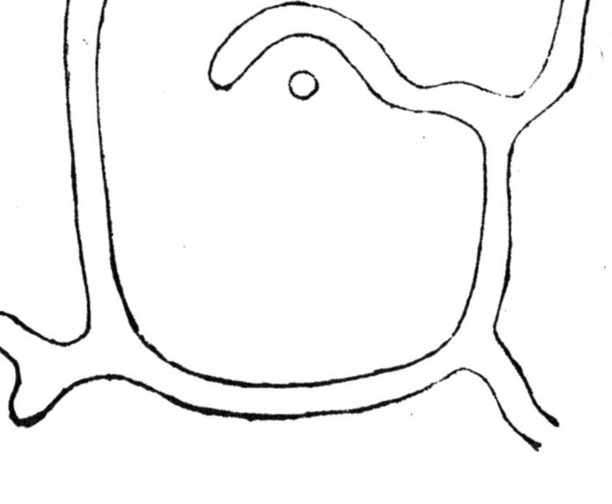

入懷格

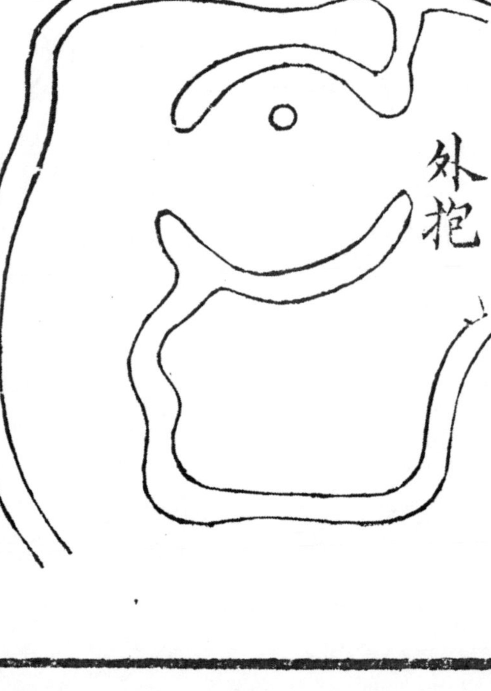

牝牡華盖出文武
全才

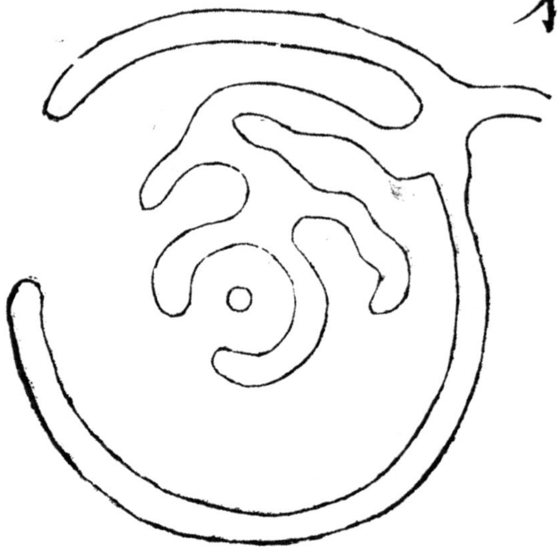

亂中取聚格

雌雄感秀格

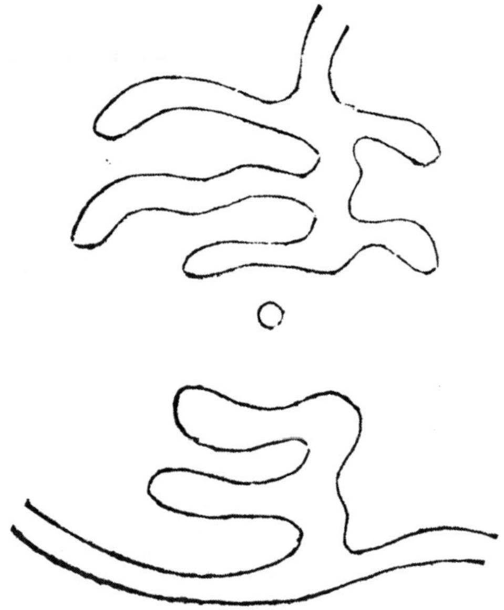

累局格

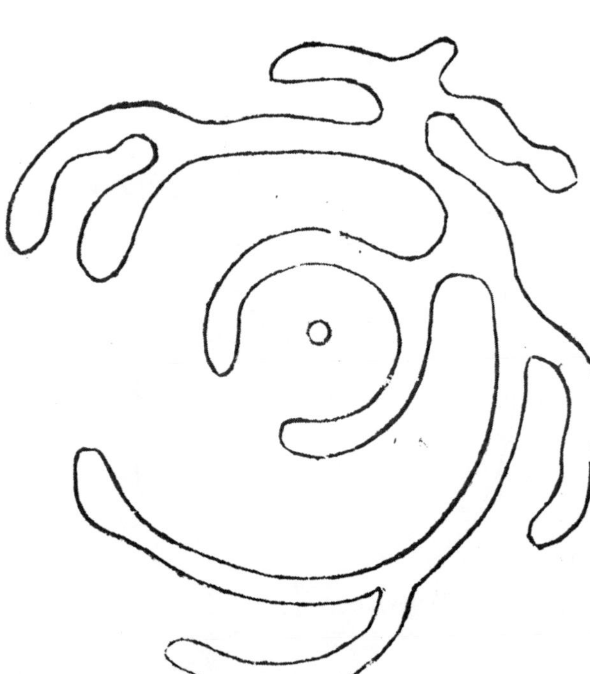

幞頭華蓋格

藏秀格

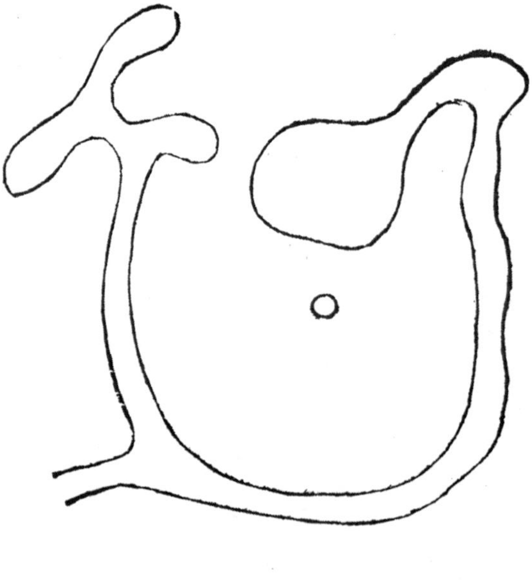

獻誥格

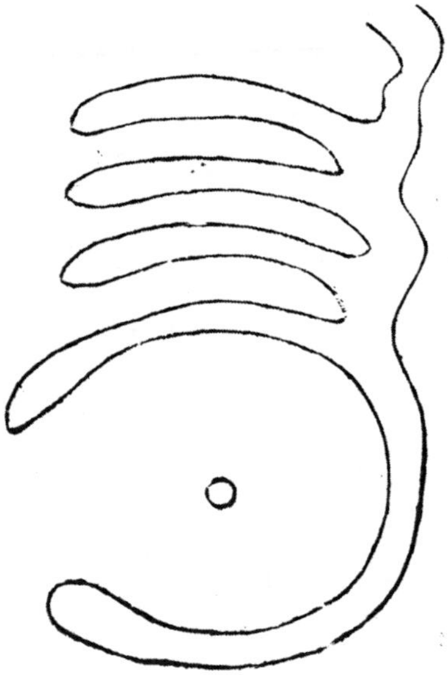

穿珠垂乳格

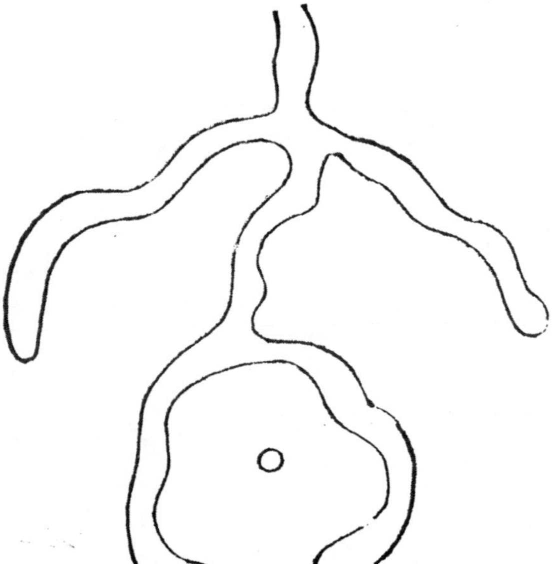

四龍戲珠

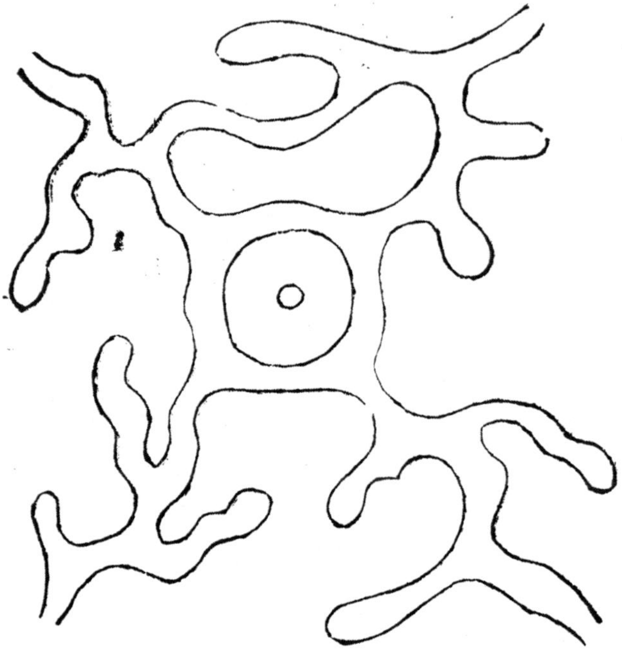

交劍格　出元戎

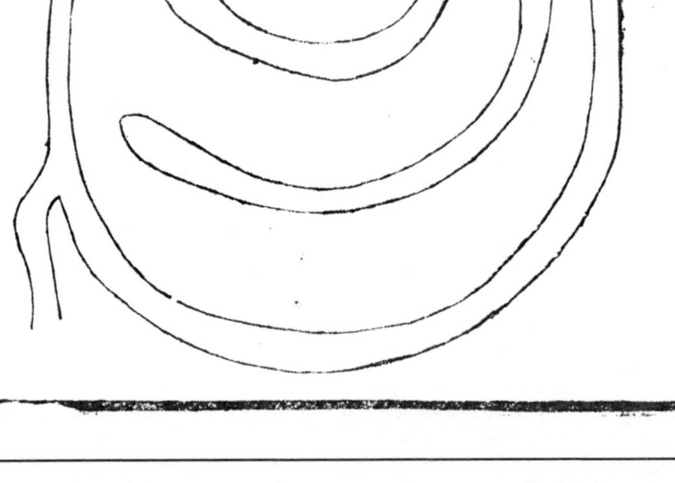

催官水

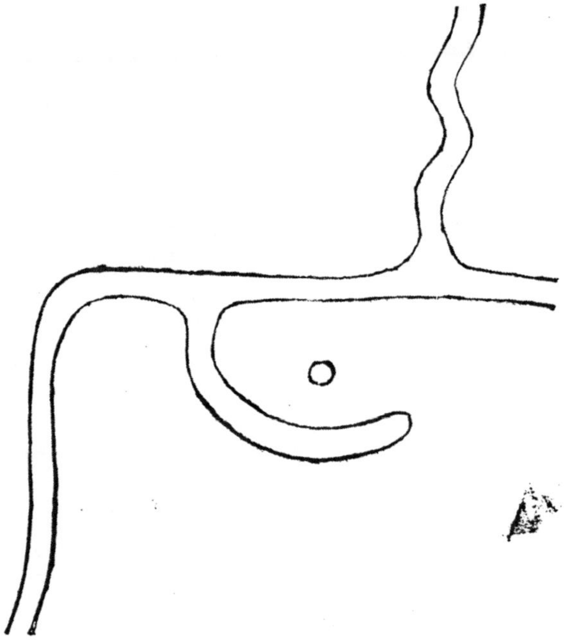

踢毬格

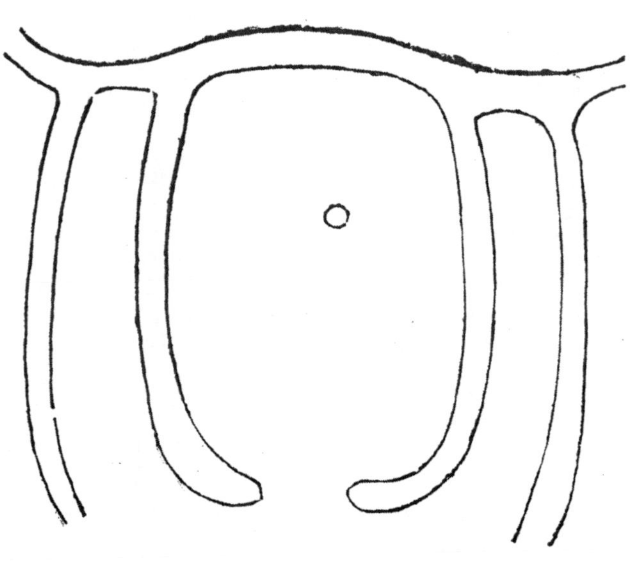

仙掌撫琴格

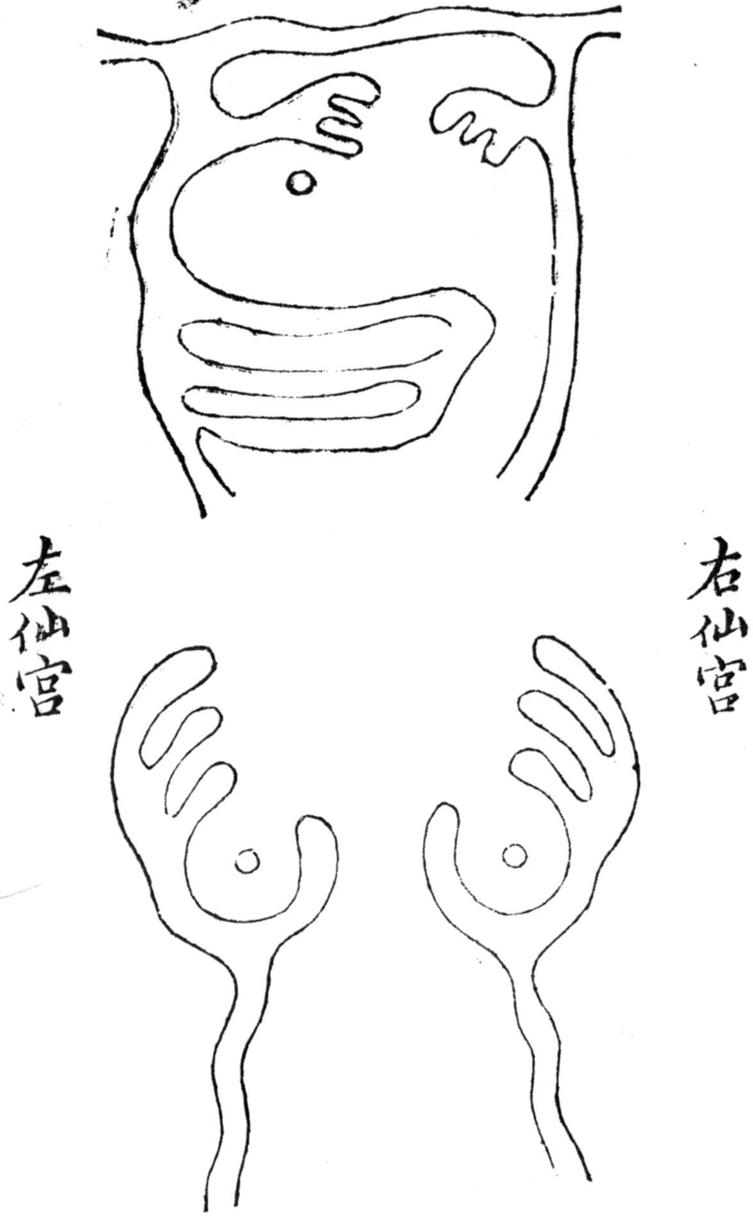

飛鳳格

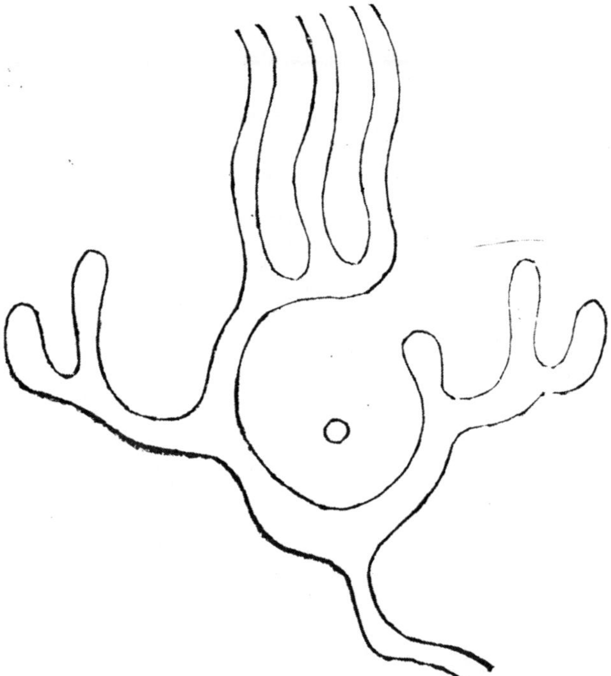

開弓格

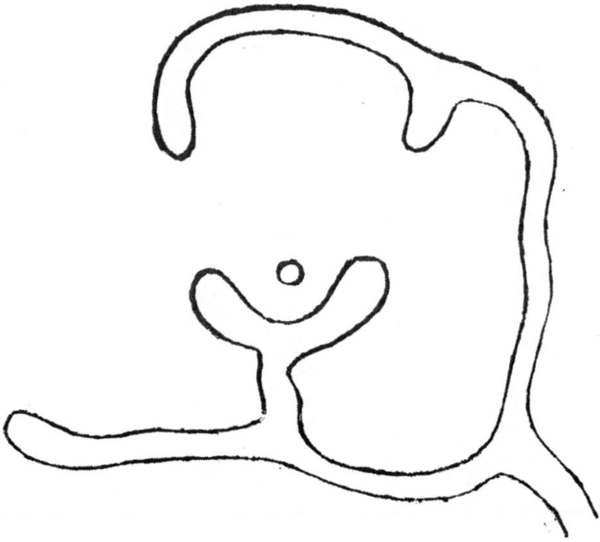

垂蓮格

仰蓮格

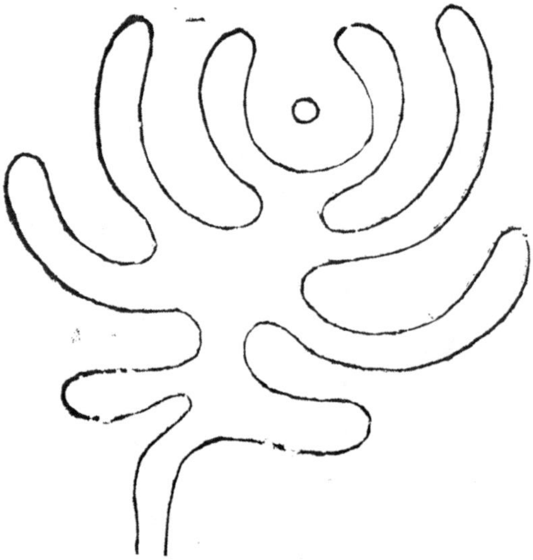

盤蛇格

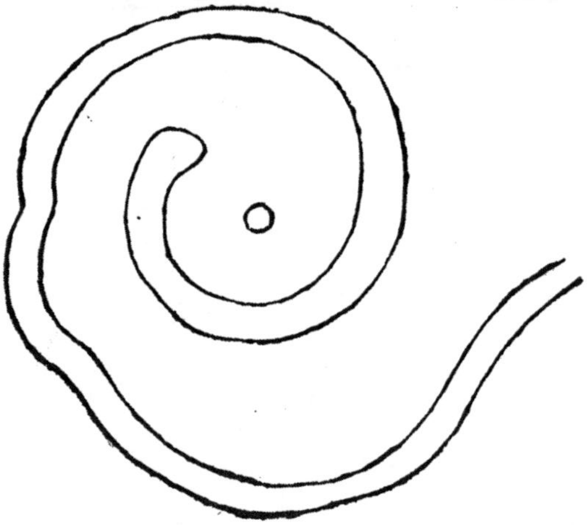

蝦局格

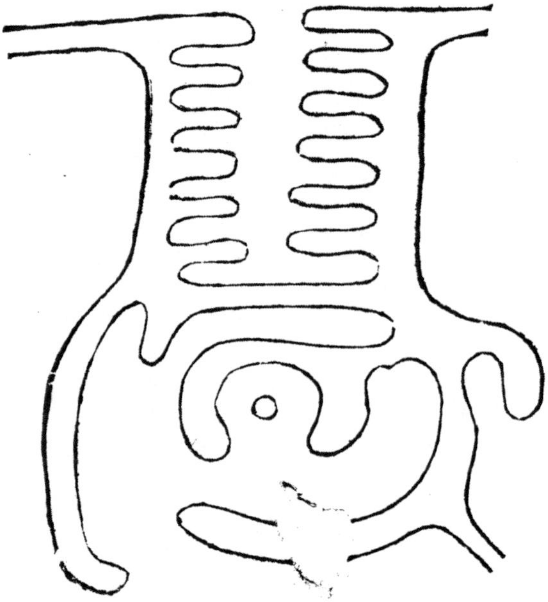

排衙格

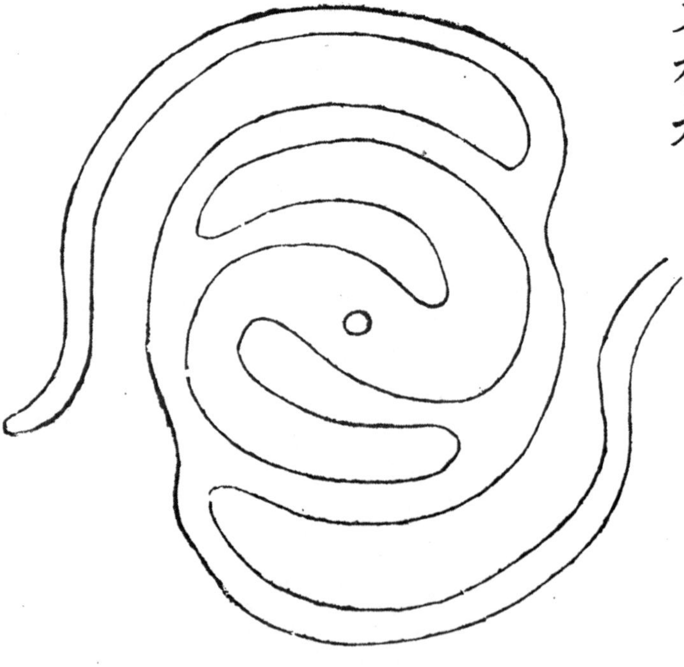

太極格

美女獻羞格

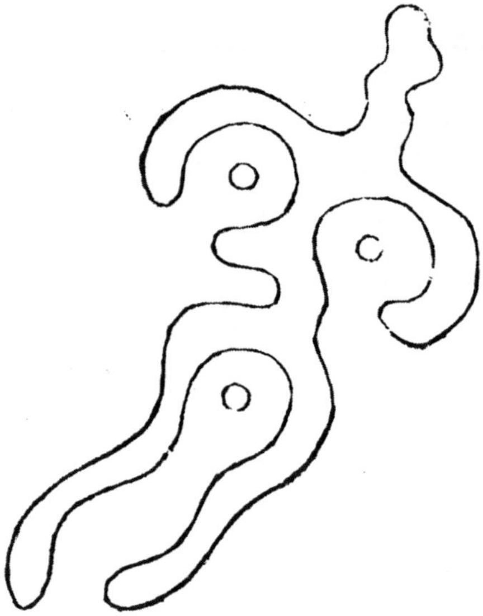

蜈蚣鉗格

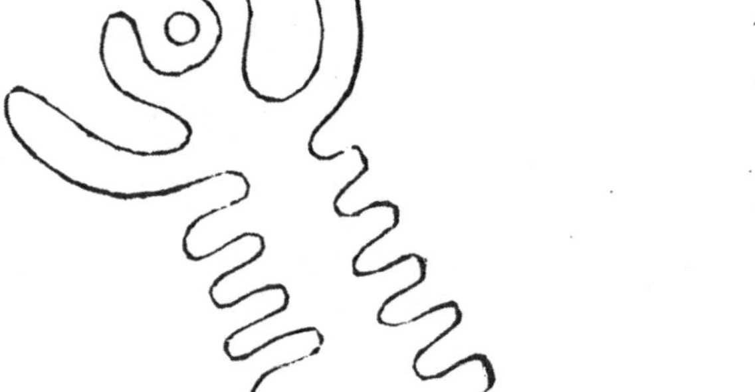

伏蔭金魚格

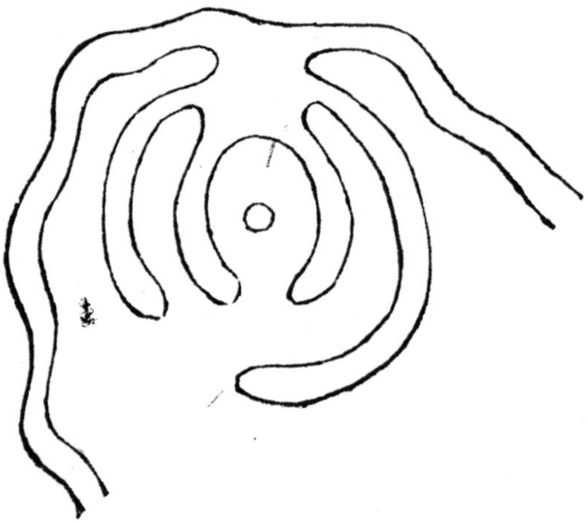

又股格

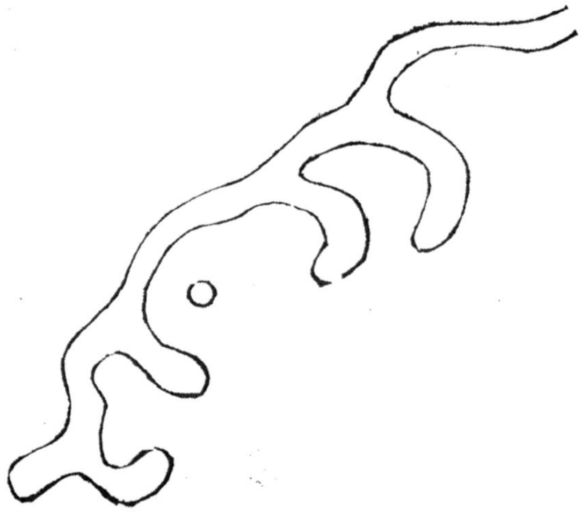

金鈎格

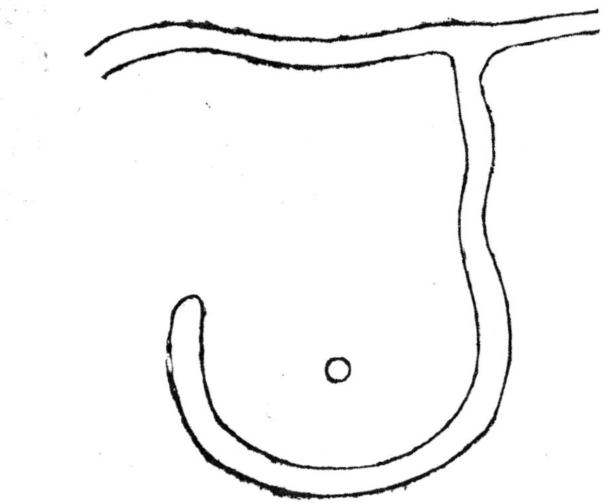

雙鈎格

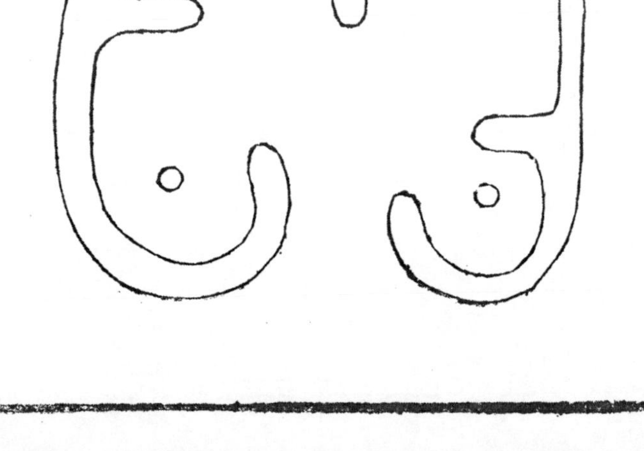

進局抱懷格

艸尾垂露格

飛旛舞旗格

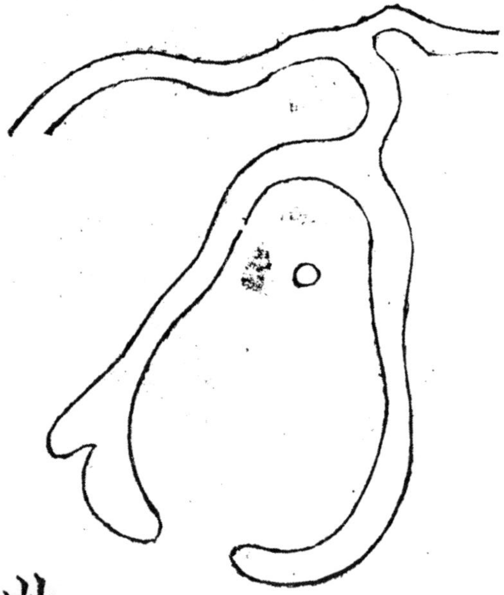

鞋城格

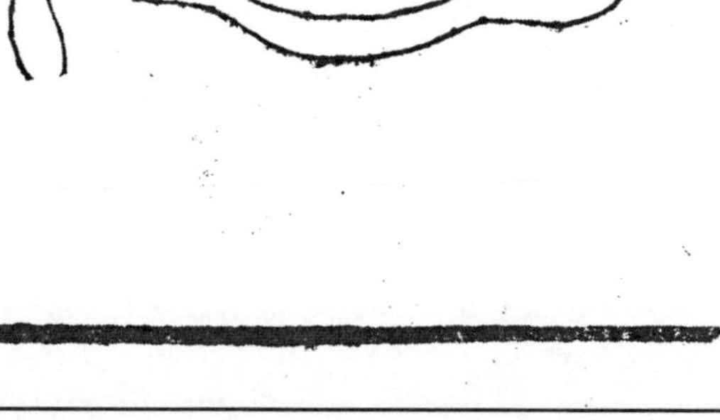

曰字城格

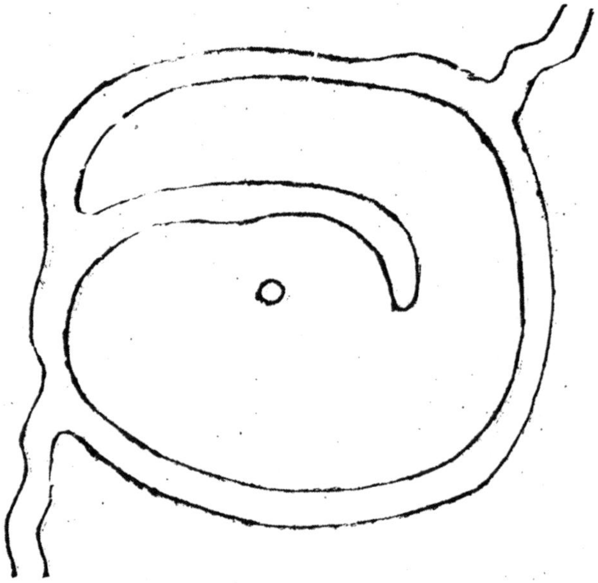

捲簾殿試格

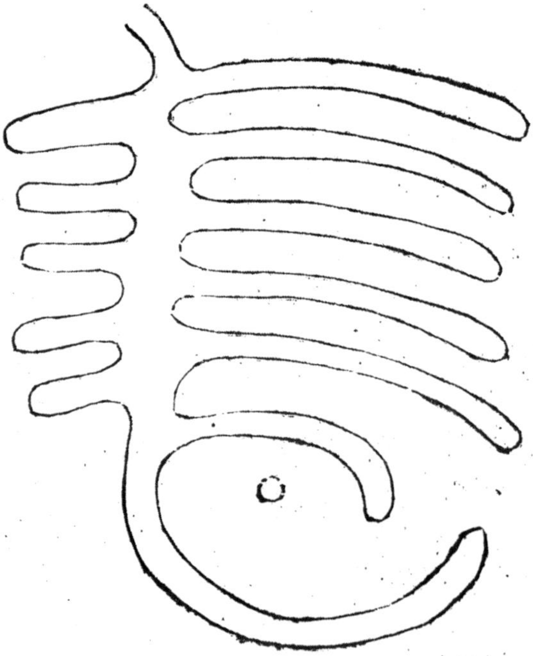

順風船

灣弓一抱格

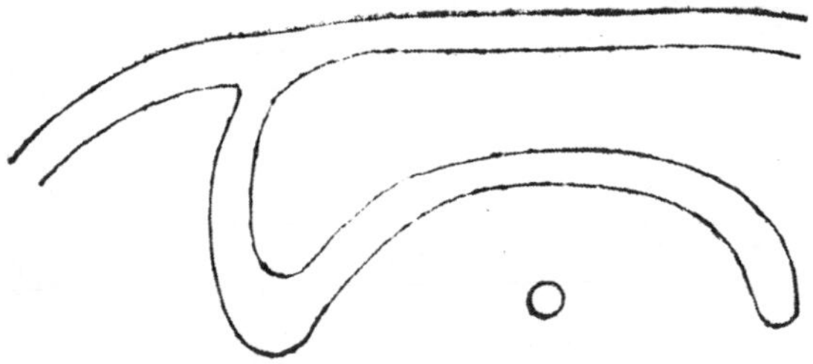

廻龍顧祖格 亦曰朝元格

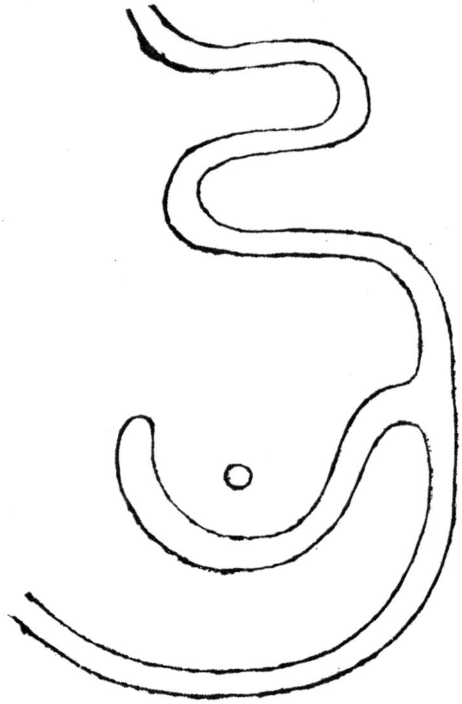

聚堂旺局格

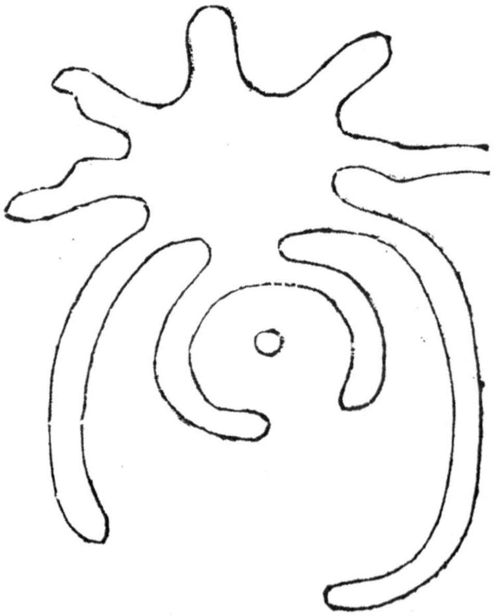

中軍垂乳格

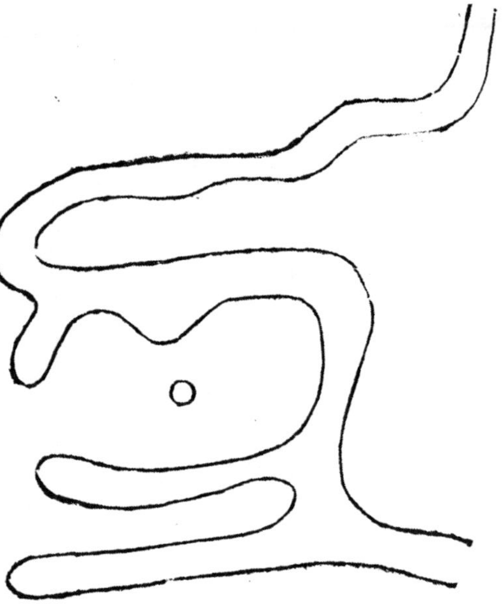

土宿聚堂格

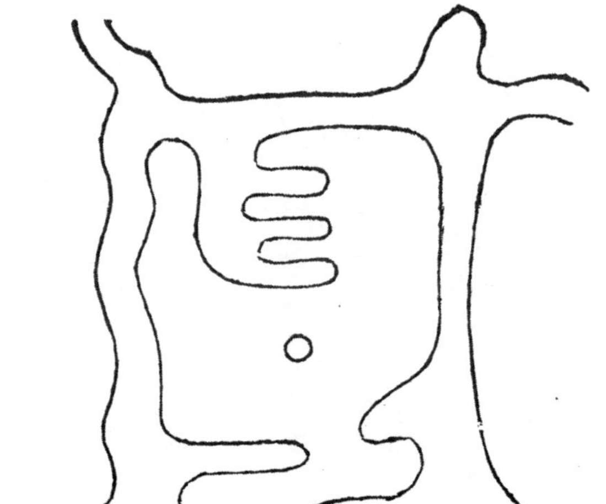

垂節格

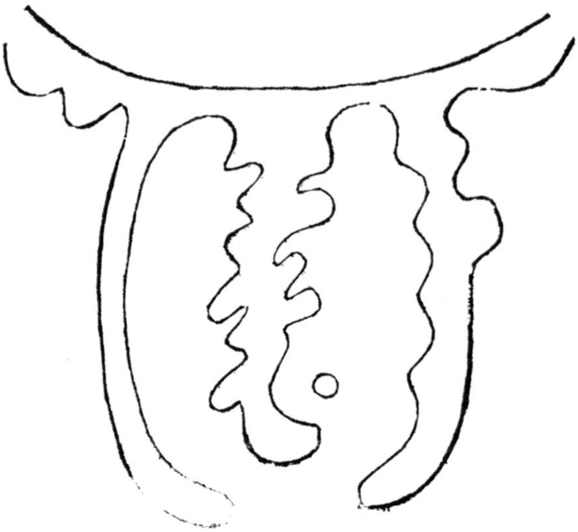

花蕊靈芝之格

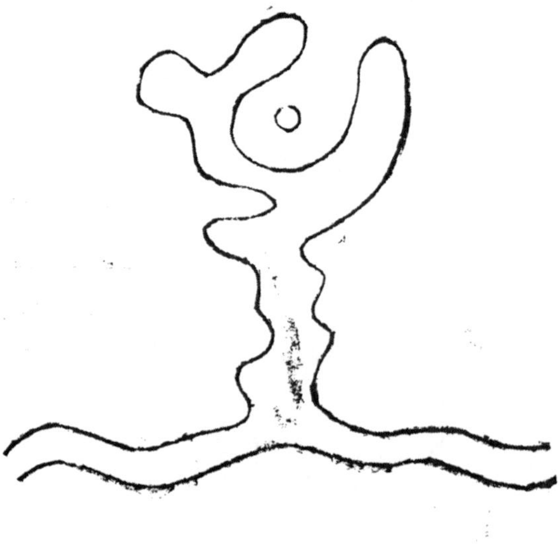

雙龍戲感格

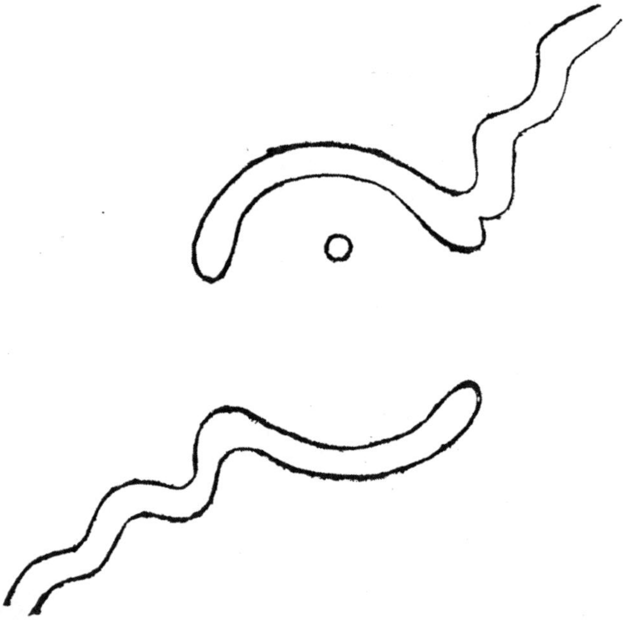

插花格

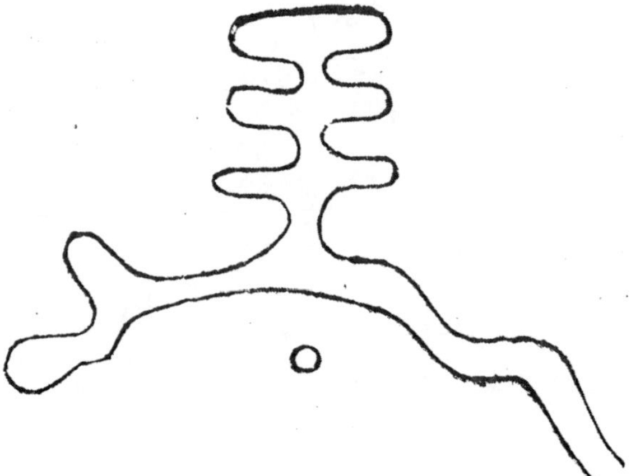

流帶格

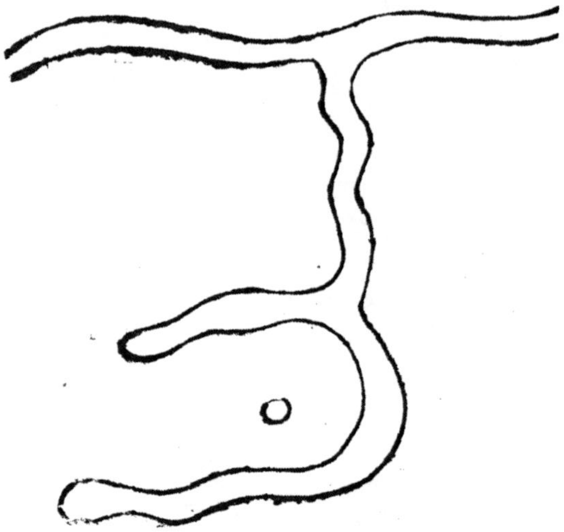

風吹羅帶格

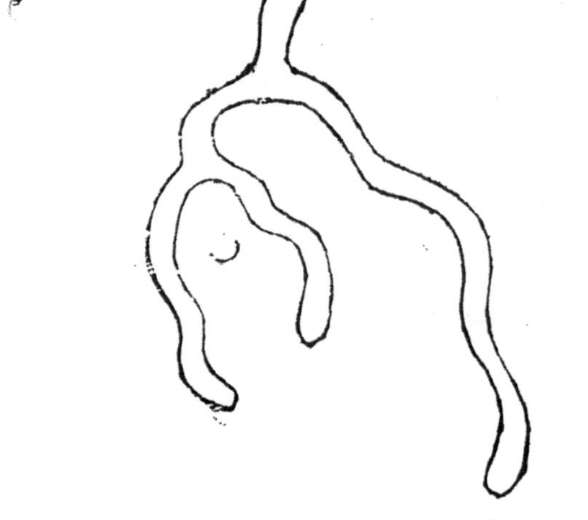

橫官龍格

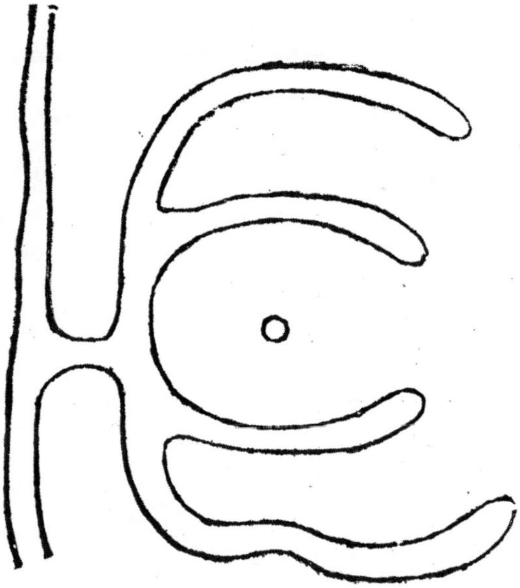

盤龍格

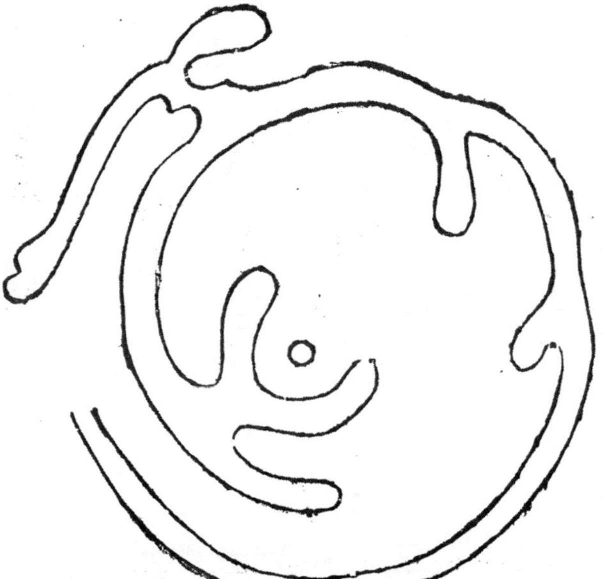

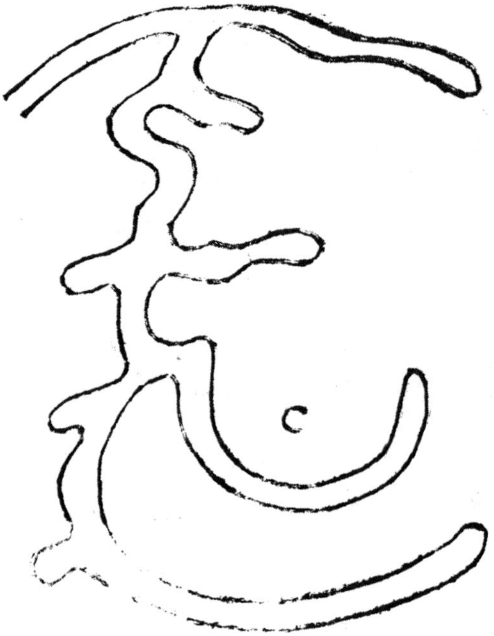

虹食彩霞格

擎傘格

旛花格

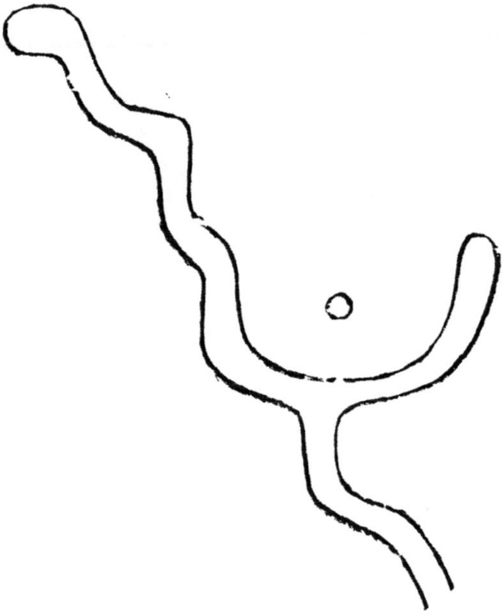

朝元格

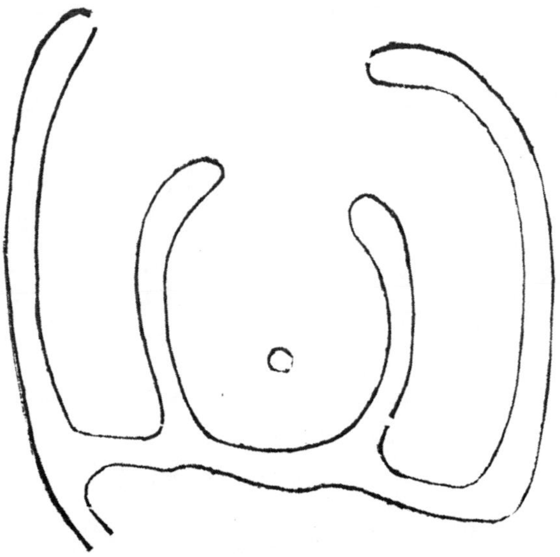

水龍經第五卷

小序

地理之書真偽雜揉山龍猶有善本平洋隻字不傳世本紛紛類皆不知妄作俗士罔察謬以高山龍法與平地同論遂使安墳立宅盡失其宜中格合符百無一遇固天機之秘惜亦俗術之悞人覩此茫茫可勝悲惋余自得無極真傳洞悉高山平夷陰陽二宅秘旨曾有水龍一書藏之名山未敢輕洩人世庚子春偕我佘余[illegible]宗過同郡鄒子客有以水龍一卷見示與余所藏大同小異披

覽之餘。深嘆幕講文成。三百年絕學。亦有從推測中得其梗概者。其書不知何人所著。考其年歲。應在神廟中年。大約江湖術士歷覽已成之蹟。不拘牽于俗論。而自舒其所見有如此。雖未究精微之諦。亦可謂英絕敏妙之才矣。其亦有所傳授。以及此乎。緣未識三元九宮秘奧。又所見成敗廢興。皆中元甲子格局。其論列方隅體勢。尚多偏曲雕雜之譏。予為刪正訛失。存其合道者若干編。綴諸予所藏定本之末。與第二卷圖例互相參考。雖閒有重複。而層見疊陳。益証天同之旨。庶作者之初懷不沒。而學者亦有以廣義類云爾。

原書總論安定三峯手録

人稟天地而生乃受陰陽二氣萬物同焉生必有宅死必有墳若墳宅居於吉地則人與鬼安人安家道榮盛鬼安子孫吉昌凡人不可不擇吉地而居不可不擇吉地而葬近觀久富之家必有祖墳注蔭祖宗者根荄也子孫者枝苗也根藏肥厚之地必枝葉茂盛根生輕瘦之土必枝苗焦枯論擇地之術最為難矣四方風土不同形勢各有差別作穴或在半山深谷之中或居平洋之地或有石間安穴或有水底安坟葬書曰水底必須巨眼石間必得眼

師以此論之實為微妙夫相地要察於来龍點穴必迎於真脉地脉者陰氣也水脉者陽氣也崗阜水道皆龍脉也要追迢而来博龍換骨如摶花接木之意所謂枝榦也葬書曰得水為上藏風次之此結穴之地陶公曰雌雄相喜天地交通故水不離山山不離水推形納穴形勢隨類而定更得九星臨照穴逢二吉仍避六凶須要環抱宛轉兩脇寬容方正立向收水須合星卦水口關鎖而入格朝從砂法以有情方為吉美葬經曰地貴平夷土貴有支故平洋之地亦支脉相牽不離山水也觀乎平洋之地池河田土全

無山壠又無支脉牽連立宅安坟無龍脉之来無星峯之應傍無龍虎護衛前無應案朝迎坐向不辨五星水路何分八卦若說此等之地亦出大富貴之家反勝山崗氣脉之處蓋聞先賢書云有山傍山無山傍城有水就水無水依形平洋之地以水為龍水積如山脉之止水流如山脉之動水流動則氣脉分飛水環繞則氣脉攢聚大河類幹龍之形小河乃支龍之體後有河兜此為榮華之宅前逢池沼遠為富貴之家左右環抱有情堆金積玉前後縈迴無破宅富田豐地欲水之有情喜其迴環朝穴水乃龍之根柢

忌乎冲射反弓最嫌激射牽消多憂少樂尤怕斜飛逼拗易富即貧或水路前朝而立宅或田圩後掩以安坟地理之書必須參究陰陽之術要在講明主者若積陰功天之所祐日者須憑目力穴莫輕裁福輕難遇明師福厚須逢吉地地理之書難盡述陰陽之理固當明集成水法龍經以示後之學者

水龍尋脉歌

地理真傳世罕逢陰陽之術妙知窮尋龍捉脉觀山水崗阜平洋總一同平洋之地水為龍四畔茫茫豈認蹤若使明師精妙理追尋源派辨雌雄水龍妙法少人知慎勿輕傳與俗師達者悟之明此理愚人不曉豈能為元武之水是龍身定穴君須看的真水積必然龍有穴水流氣散不堪陳大水縈迴是幹龍小河支接幹親蹤幹龍氣盡難安穴作穴支龍富貴豐元武之地有湖池立宅能令福氣隨墳墓亦宜逢此水兒孫富貴著緋衣河塊池水不通流

水若通時氣不留若見田圩闌水口兒孫富貴永無休大湖之脉
氣歸灣湖內明砂應案攔下後兒孫多富貴能令白屋出高官流
来水勢似刀鎗射脇冲心不可當共利田圩為絕地殺傷爭訟退
田庄後水来龍似反弓出人悖逆各西東若還遇此反弓水退敗
田園守困窮水要灣環莫直流直流之處是為凶更兼四畔無遮
掩浪打風吹不可求十字水流後與前井字廿字總一般此為市
井多人住若是一家不可安抱身之水勢環墳穴好龍真氣脉純
葬後其家多富貴兒孫榮顯作王臣

水龍經第五卷總目

陰陽兩宅水形各圖

金星城格

水城化出五星名。
尤取金城最吉星。
不論枝流并幹水。
無分池沼與溝汀。
左圍右抱皆堪喜。
後倚前朝並可觀。
若得此形爲穴体。
管教福至禍無侵。

蔣大鴻補圖并句

金星如仰外家宅田園敗

金星凶格

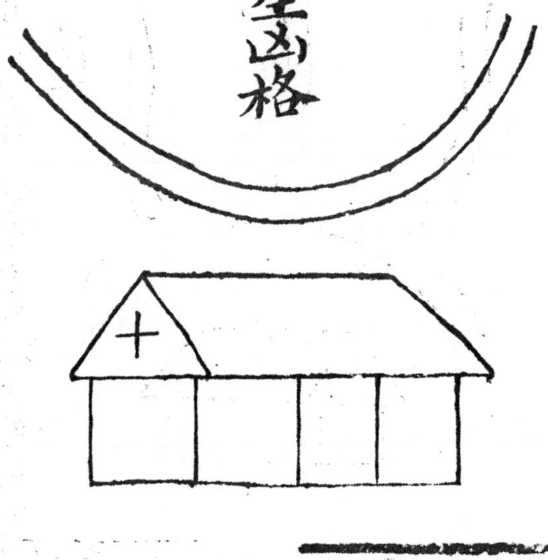

金水相生格

金內水外。貴多富少。○金星如出水。短水方為貴。

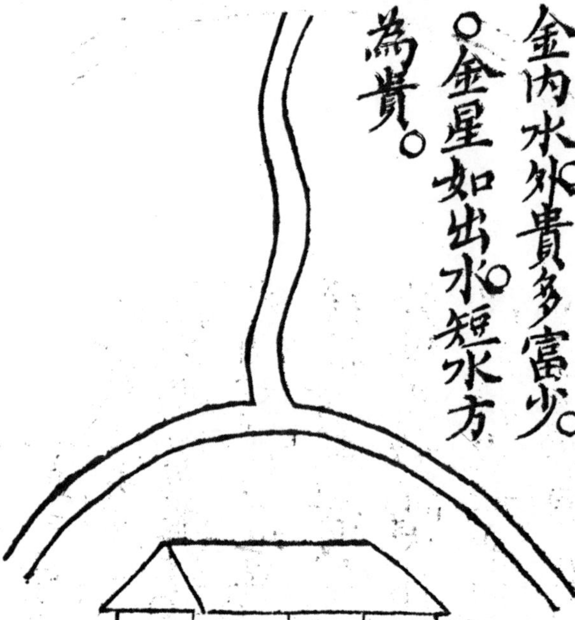

金水泛濫格

金水太縱橫。泛濫起風聲。穴中若漏氣。應須少年人。縱有官和貴。其家必至溺。不如為寺觀。香火得殷殷。

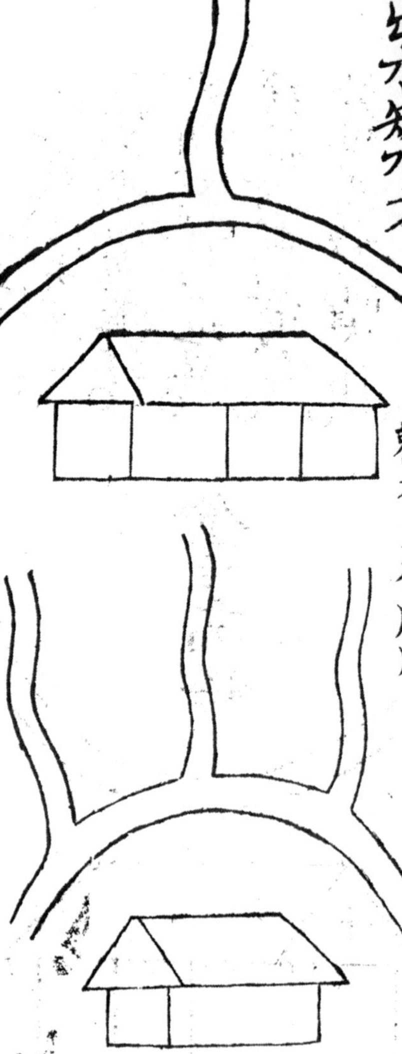

蔣大鴻曰此為漏氣多故亦少吉

木撞金城格

城垣之外水来冲。縱然秀麗也為凶。左冲絶長右絶少。中心仲子不留踪。房房户户皆遇害。忤逆淫邪刑獄中。

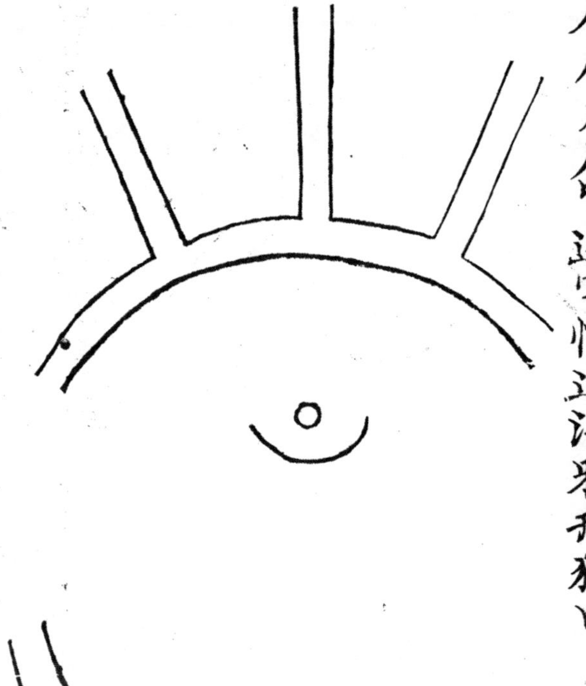

火剋金城格

火直撞金城。火盜與軍刑。又云金星如火壓。家散人丁滅。

金星一抱已堪誇。若更重重福祿奢。
近身貼體方為貴。遠照之時氣脈賒。

重金格

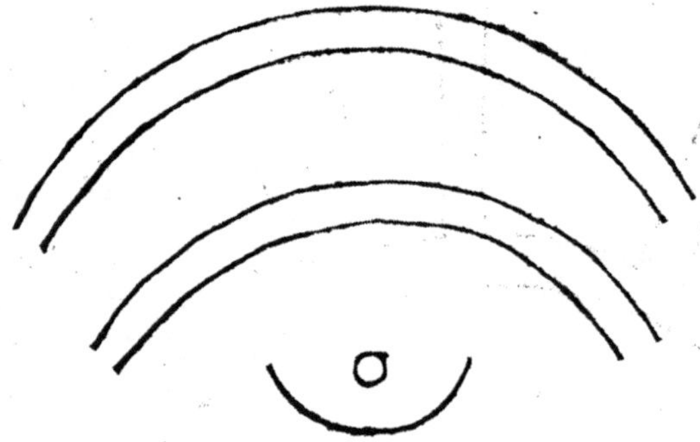

三金如品列。家計常添入。
外水似反弓。吉中未免凶。

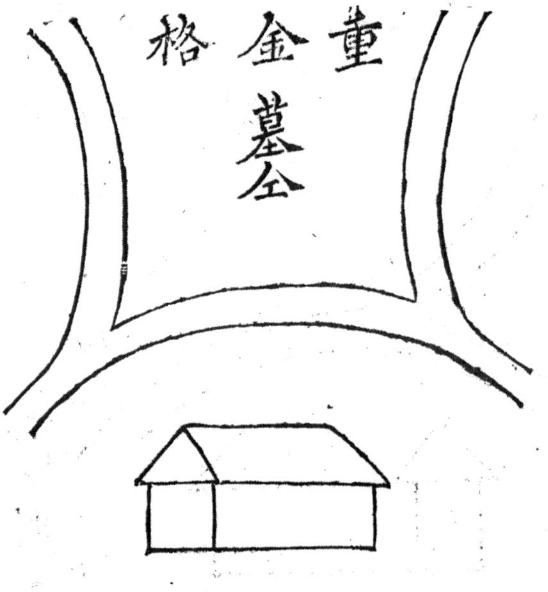

水星城格宅同

水城原是太陰精。內外相符是吉星。財祿豐盈人秀麗。翰林魁解有文名。

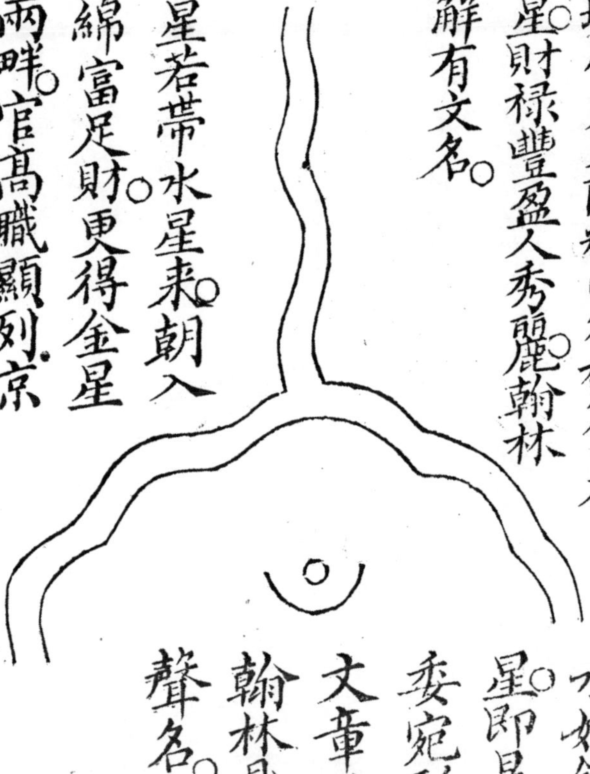

木星若帶水星來。朝入綿綿富足財。更得金星垂兩畔。官高職顯列京臺。

文星格宅同

水如錦浪號文星。即是蘆鞭委宛形。蓋世文章從此出。翰林鼎甲有聲名。

水内木外格

水内木外。發中有敗。

水星如出木。家計應須足。倘或木頭長。也出少年亡。

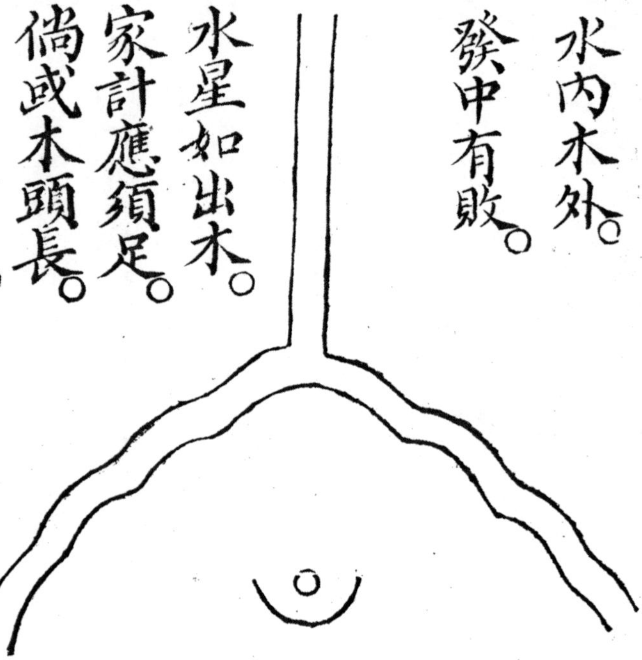

水木交流格

水星硬木兩交流。一房興旺一房愁。

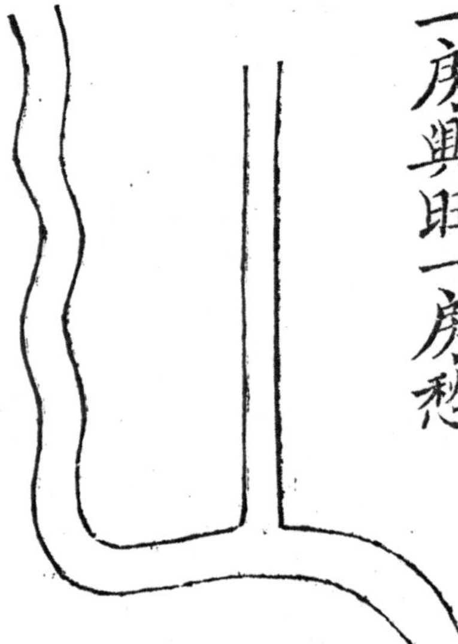

水火相射格 墓同

水火若相刑○

瘟火訟交争○

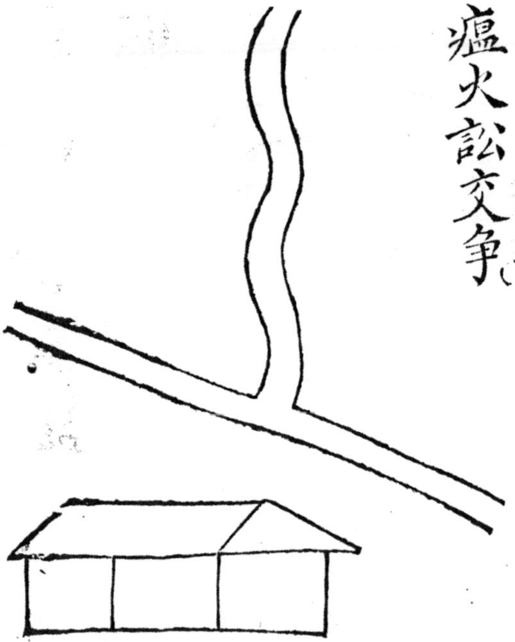

土星如曲轉

富貴進田產○

土星城格

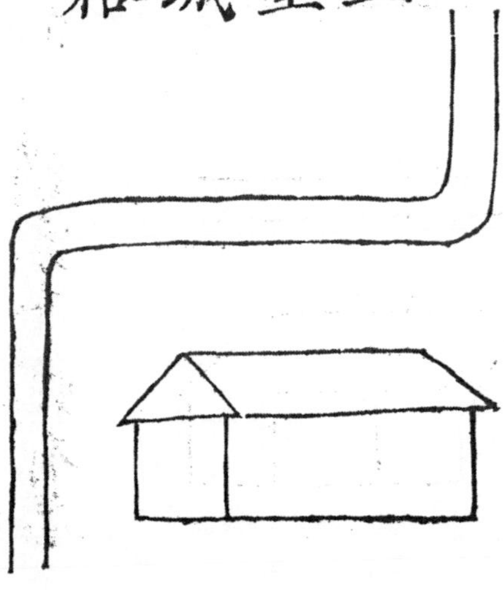

土星內抱格

土星如內抱富貴盈○財寶○

重土格　墓同

二土向前橫家豪頗有名○

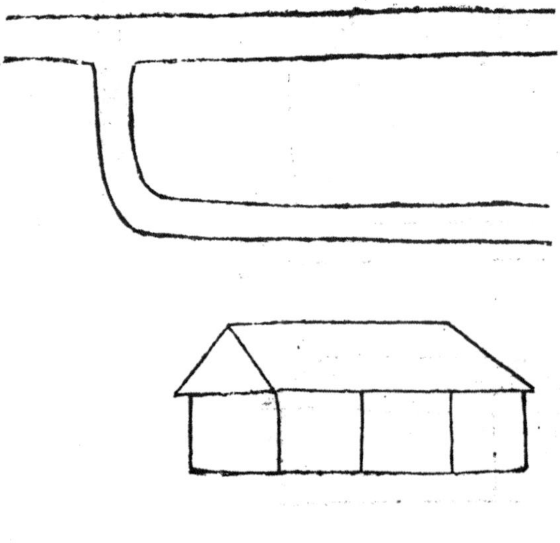

土星若仰外。無水便離財。

土星仰外格

墓同

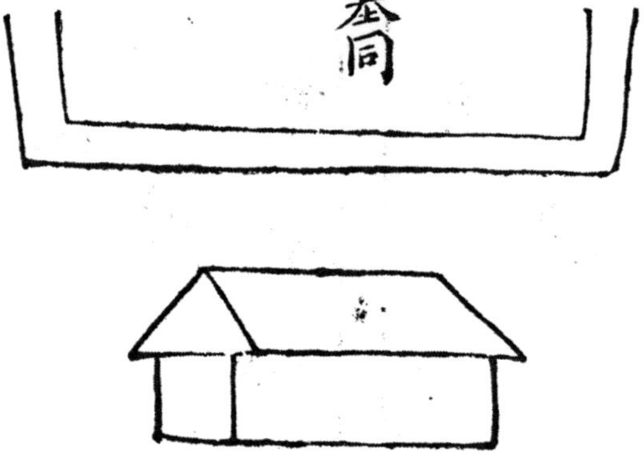

仝上

反土格

宅同

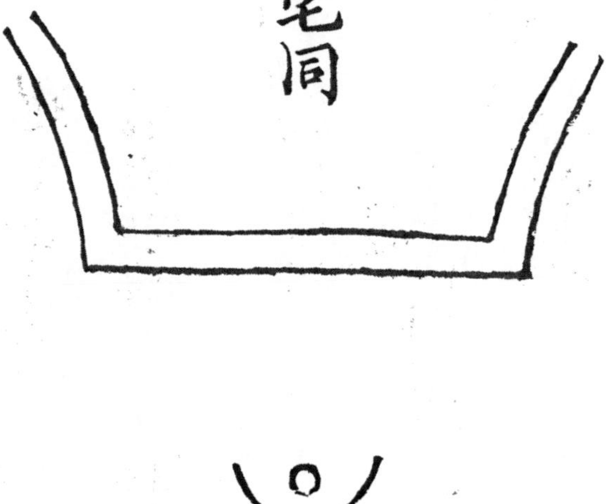

橫直木格

橫木直木。總不堪親。莫論富貴。後嗣伶仃。

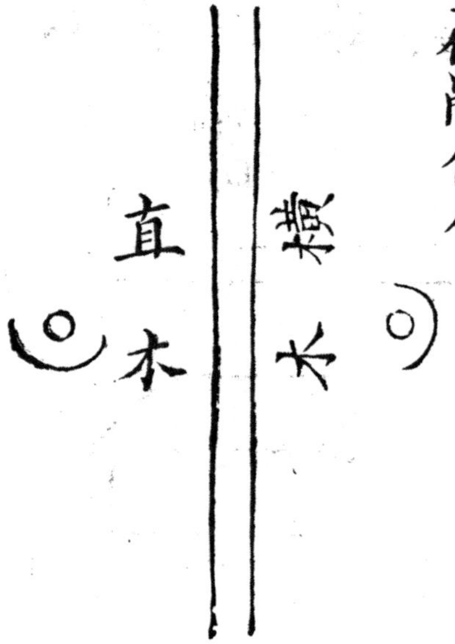

順逆木格

逆木順木。官非碌碌。客死離鄉。退散錢穀

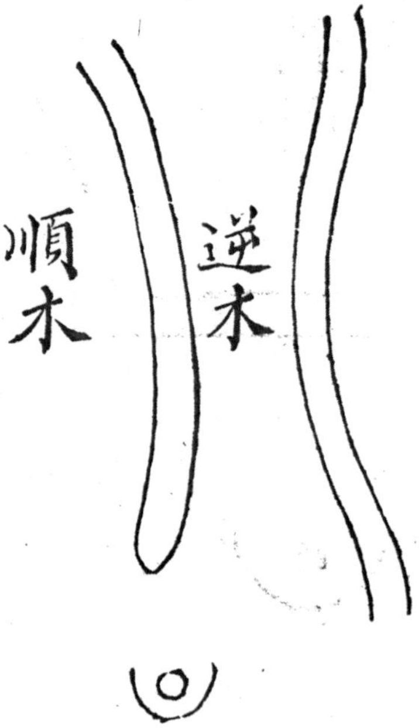

木帶土格

木土曲直来。

家富足錢財。

左右同論

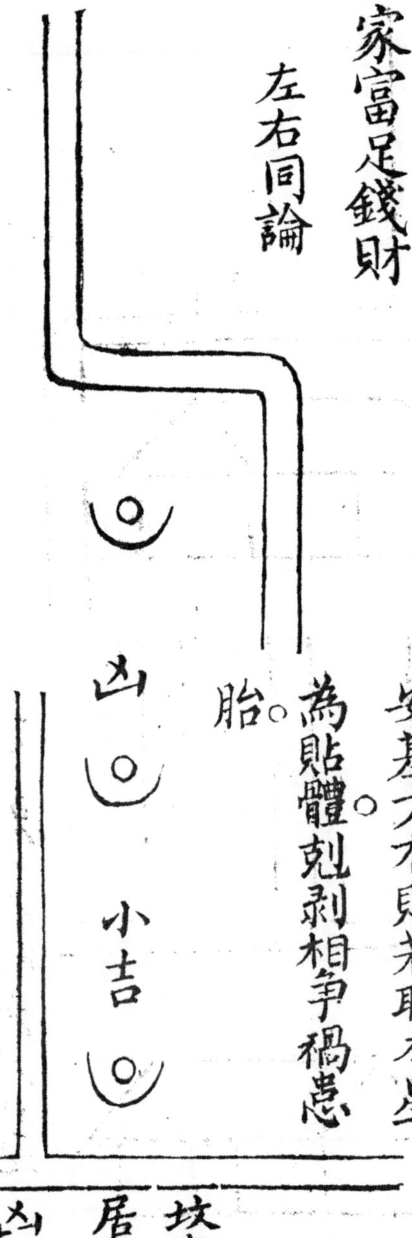

木土城格 宅同

木星專帶土星来土上安基方有財若取木星為貼體剋剥相爭禍患胎。

坟宅若居此人丁冷退絶

木剋土城格 墓同

兩木不宜長。一土怕難當。

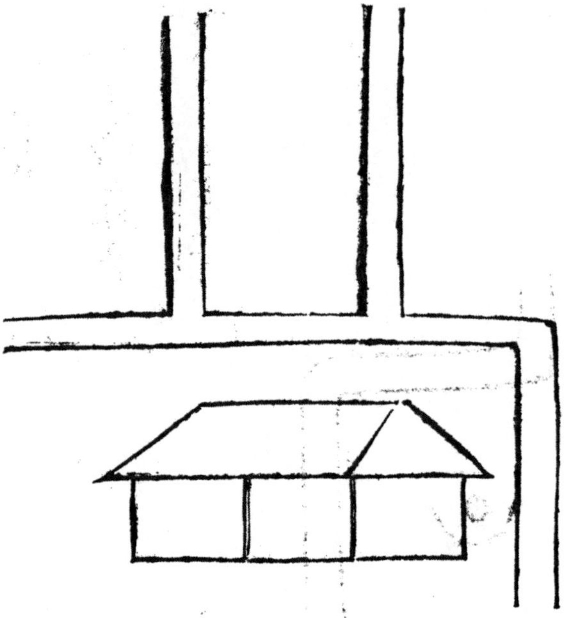

木剋土城格 墓同

三木剋一土。離鄉人口死。

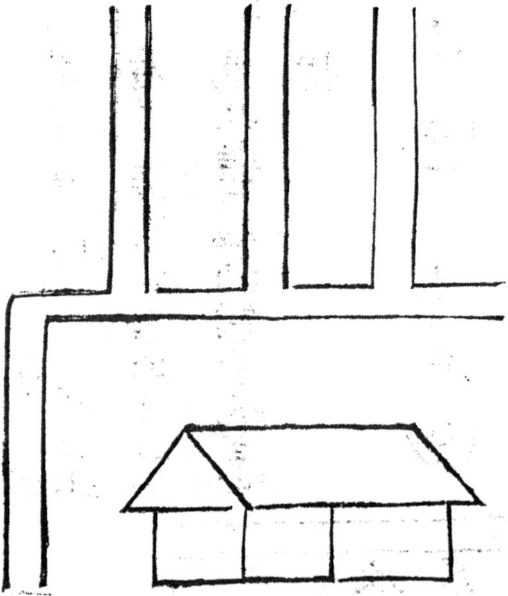

斜火格

五星皆好穴前朝。立宅逢之怕火燒。直走斜飛招訟事。田園退散尚嘵嘵。火星斜走更嫌長，坟宅之前最不良。如有水朝来救助，自然人口免瘟瘴。

火星當面動更難為官訟綿綿，更損妻刦。盜瘟瘴常是有。人離財散各東西。人家最怕火斜飛。若見金来自外歸。方主進財并進祿。更逢重火此衰微。

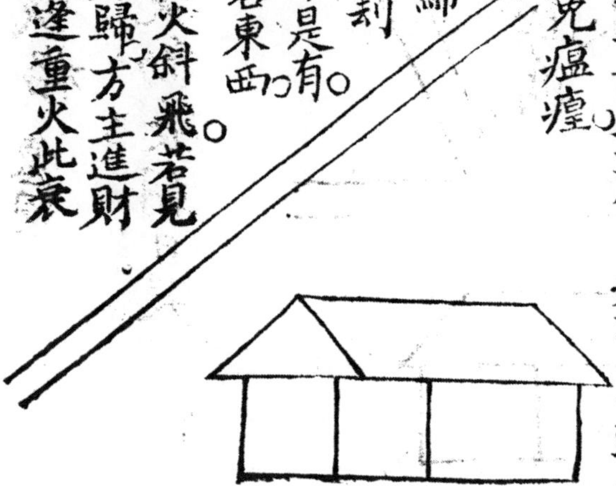

重火格　墓同

二火焚身。風捲灰塵。

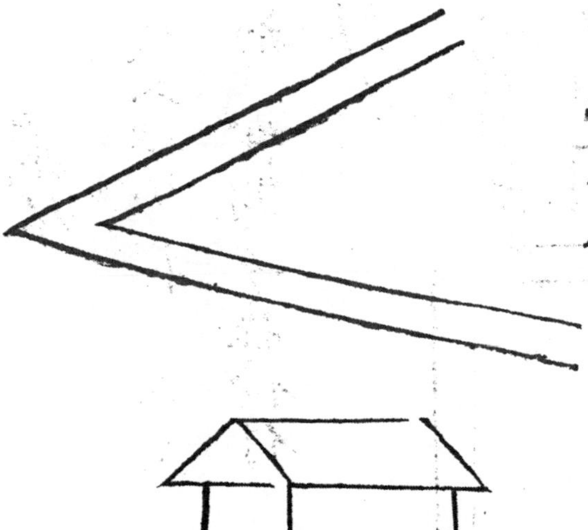

二火剋城格 墓同

二火炎動長朝日哭無粮。

又云二火入字開。灾迍日日来。

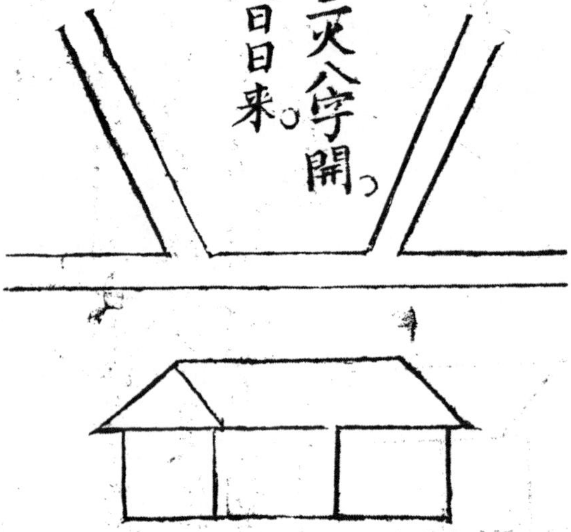

炎火剋城格 宅同

殺入垣城。獄訟遭刑。

刼賊常鬧。子孫伶仃。

蔣大鴻曰、因見斜飛尖利之刑、雖曲非吉最宜辨之、

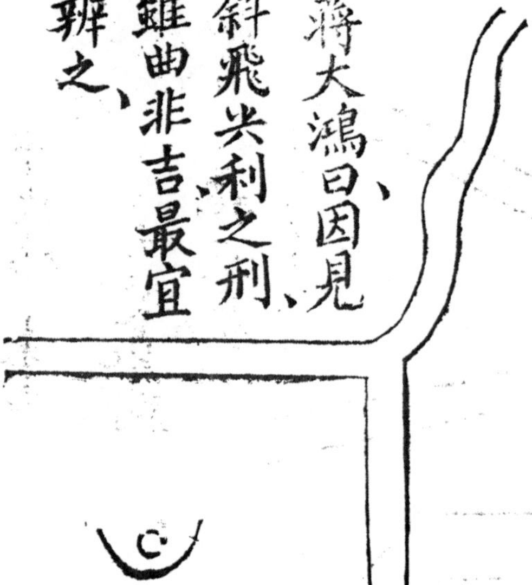

焱動火城格

焱動之城不可輕。水流虽小訟還興。若然城邑兼流水。六十年中起甲兵。

蔣大鴻曰、此木水星因斜飛、即作火論、

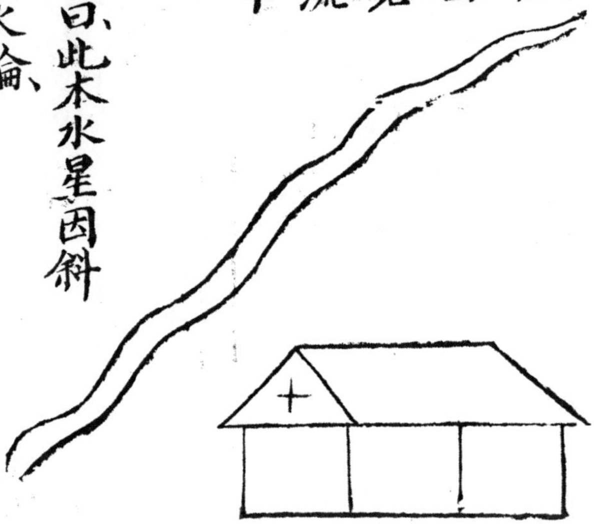

抱水城格 墓同

龍神灣抱過明前。富貴足田園。

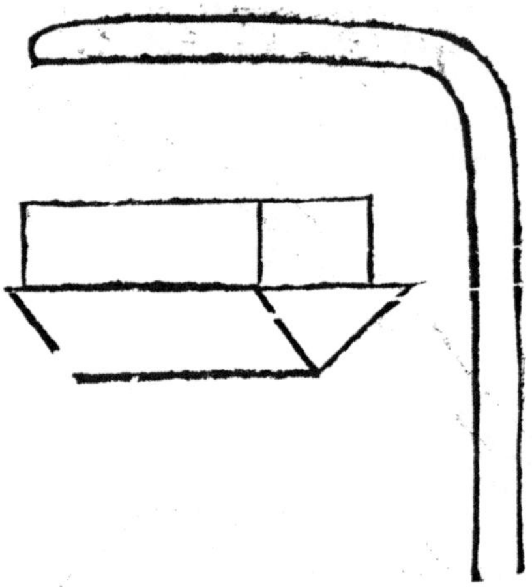

抱水城格 墓仝

白虎灣灣抱屋前。富貴出高官。又

龍神抱體足堪誇。富貴達京華。

又名轉角水

束帶纏身前抱水格

墓同

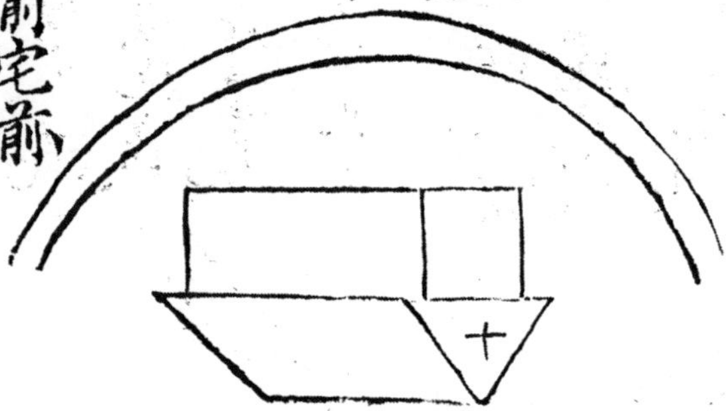

束帶水纏身。家中好積金。若然為塚墓。久後可成名。

坟前宅前有此水大吉

兜抱水格

墓同

屋前屋後有池兜。富貴永無憂。

後抱身水格

水法幾千章。無如後抱良。回頭看偃月。富貴定悠長。發福悠長定。是水纏元武。陰陽二宅同。

重抱水格

二宅同

兩重龍来抱向前。家富及人安。若然兩抱居穴後。立見家豐厚。代代兒孫衣錦回。貴瑣烏臺。

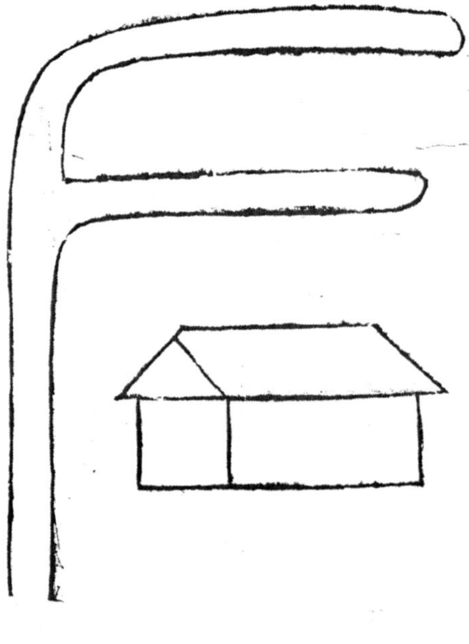

抱氣水格

枝水交抱氣脉鍾。墓宅定豐隆。

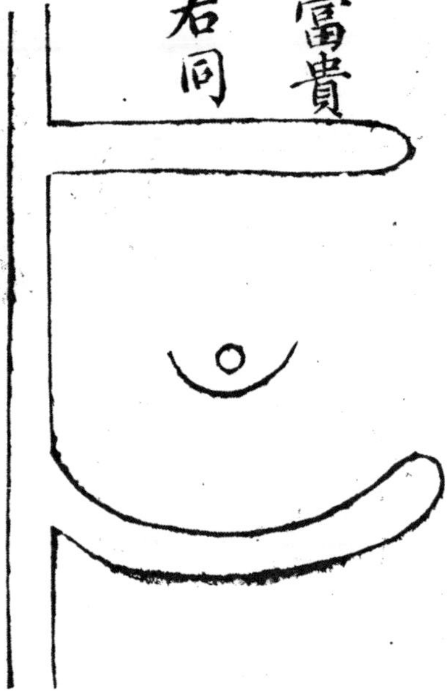

主富貴

左右同

重抱水格

虎水兩重抱宅墳。家富足金銀。

蔣大鴻曰、妙在後灣、不然無氣、兩邊前後似金鈎。後嗣為官掌府州。兩邊前後有池兜。定主為官足智謀。

曲抱水城格

青龍頭水方抱身。家富出官榮。

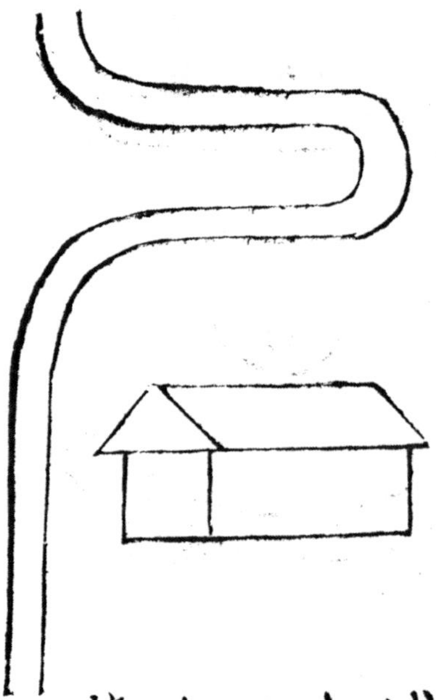

金水大抱形格

一重水抱一重城。金水重重大抱形。更得四傍無別犯。子孫代代有聲名。

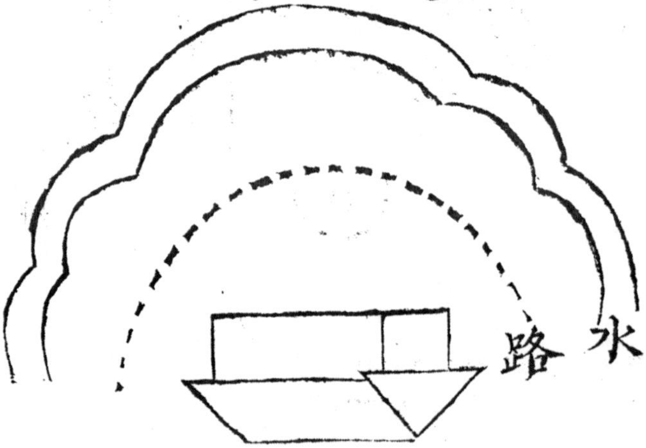

遶抱水格

二宅同

水遶青龍身長。子足精神。各房皆吉

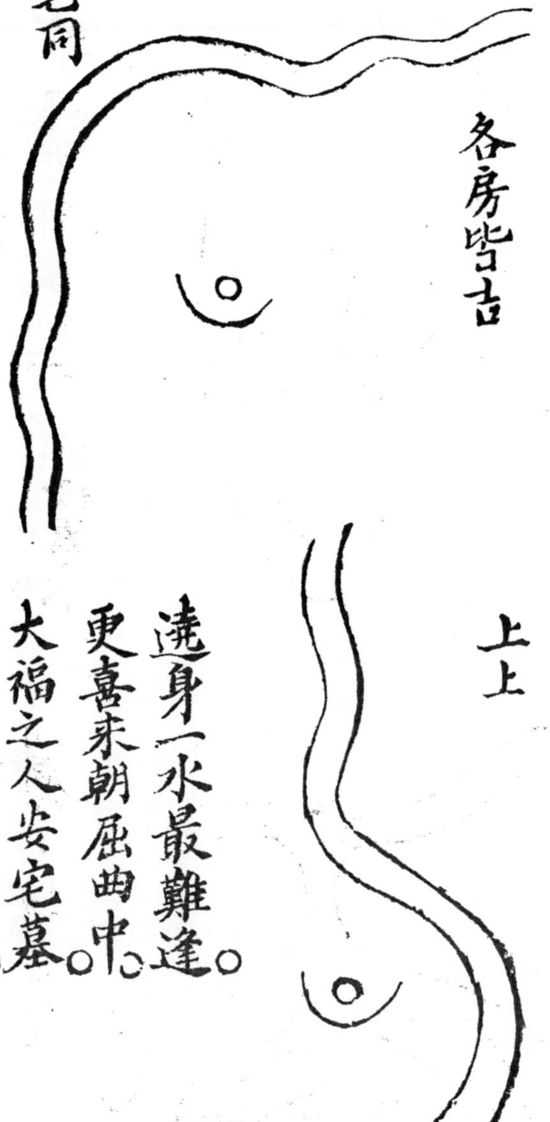

抱身水格

上上

遶身一水最難逢。更喜來朝屈曲中。大福之人安宅墓。叅斯千口爵三公。

偏傍微抱水格

白虎長河帶裏兜。家樂任君求。

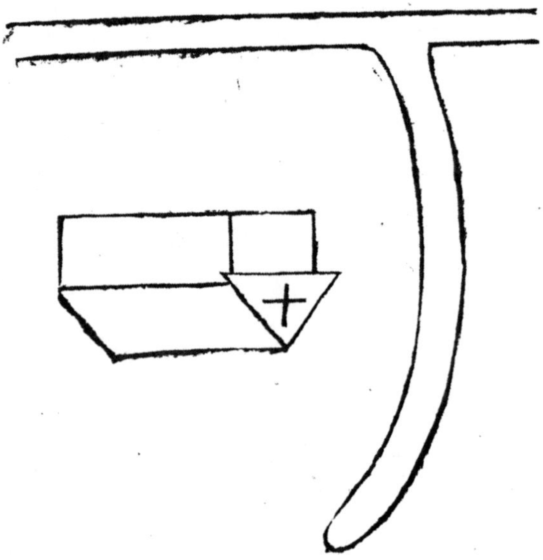

八國城門格

八國周環不動風。五音下著福重重。

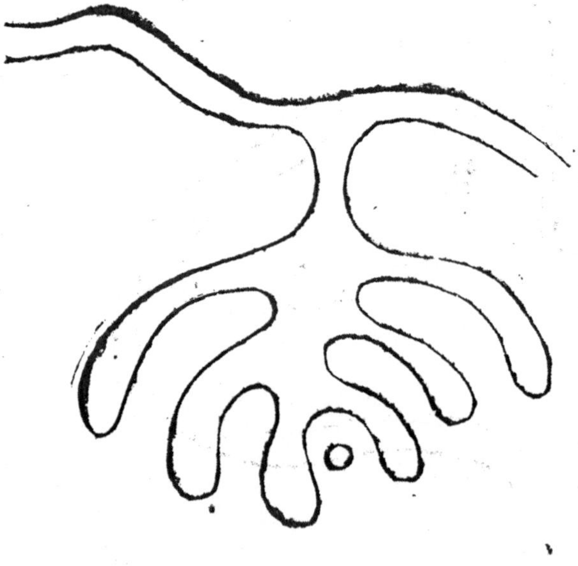

裹頭城格

裹頭城裡莫安坟。封郵東西。即動瘟。縱使真龍發福處。到頭終是絕兒孫。

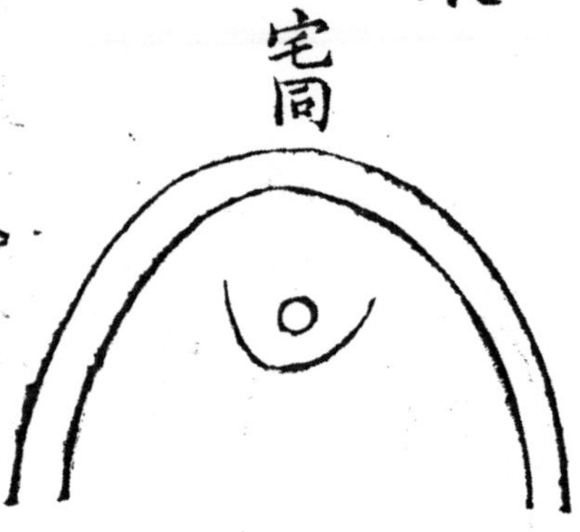

穴太逼仄。無餘氣故也。

鉗水格

兩水合成鉗。無官但有錢。

亦名兩水合格。

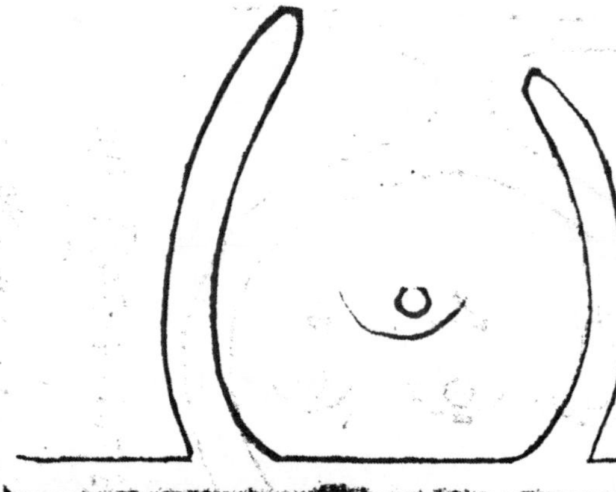

鉗水地格

水口若窩鉗。官高且有錢。

此形出文武雙全之人。

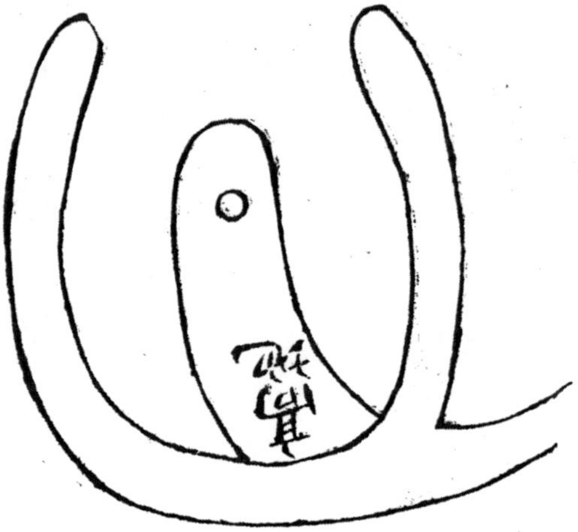

蔣大鴻曰此以水抱為吉、非以高地也、

蔭腮水格

一水兩分迴。其名為蔭腮。

兩腮皆可穴。居中是漏胎。

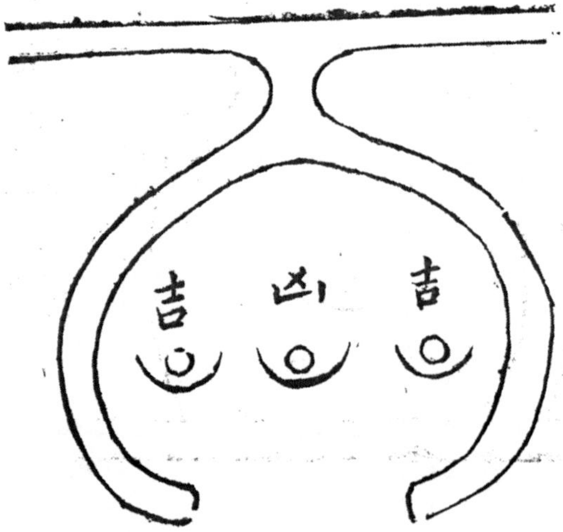

曲水似金鈎。富貴此中求。

金鈎格　上上

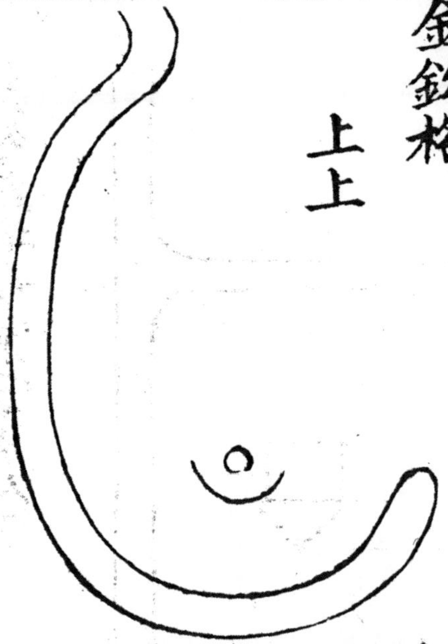

金鈎形格　宅同

金勾左轉抱身來。家富足錢財。若是地形能濶大。端的位三台。

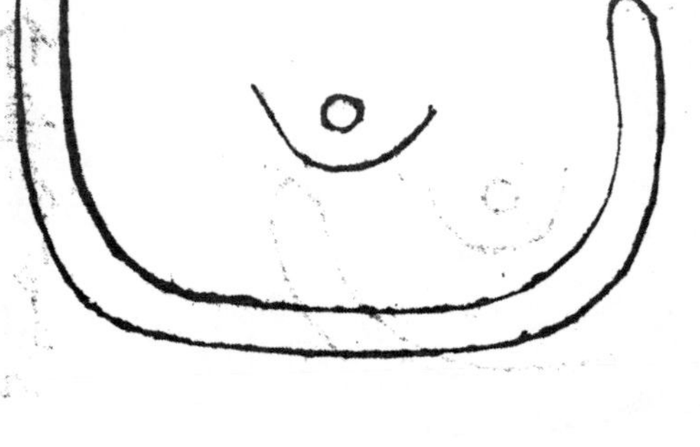

金鉤水格

金勾左抱形。家富足人丁。

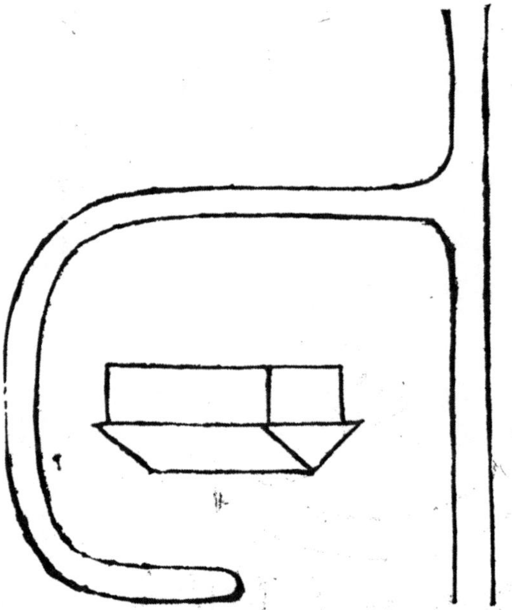

上格

金鉤形格

水來屈曲作金鉤。富貴樂優悠。

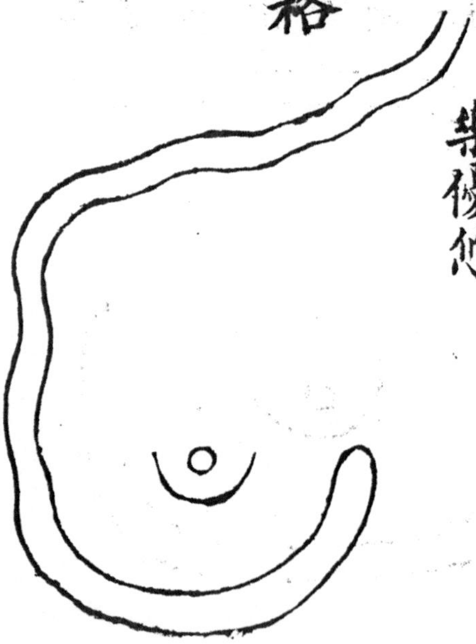

勾心水格

水尾勾来共射穴。此地作凶説。

二宅同

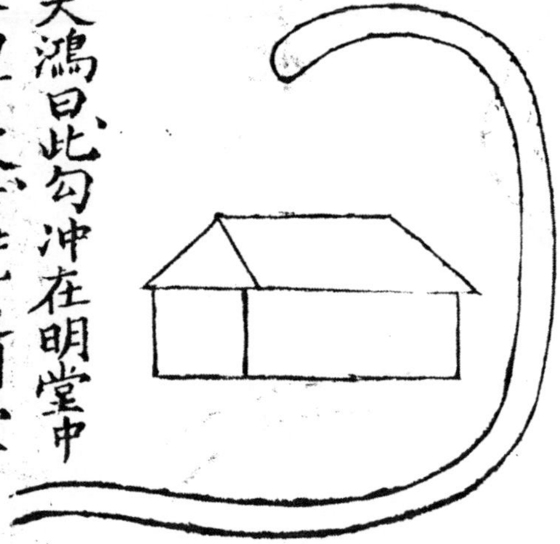

蔣大鴻曰、此勾冲在明堂中心、便為射破、若兜過明堂前、勾在左手、反為大吉、

反勾水格名背城。出人拗性并狂心。更兼手足招風疾。家業飄搖公訟興。

反勾格

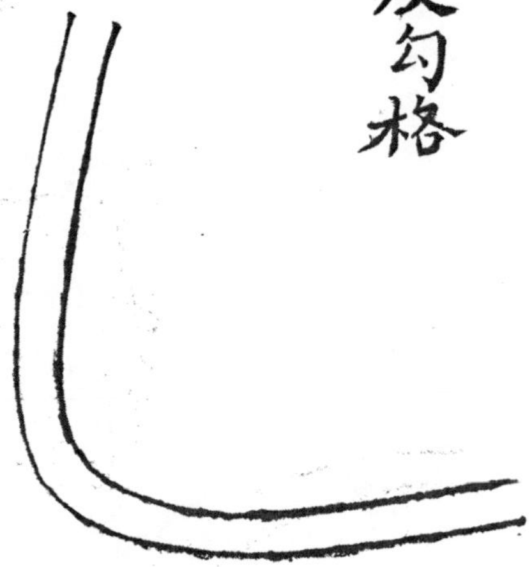

乙字之水入懷流。也是回頭龍脈收。
穴若有情真得氣。其家富貴不須憂。

乙字水格

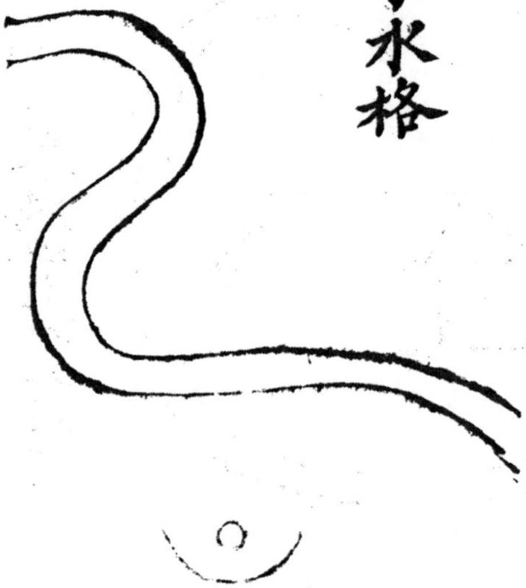

之元水格

之元抱身格。
抱身出大貴。

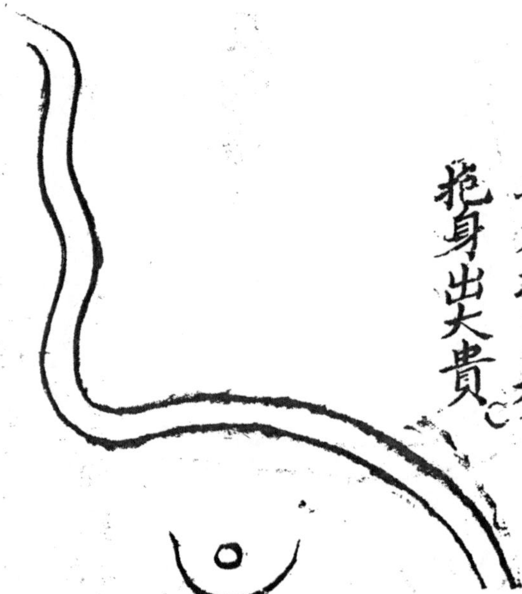

之元抱身水格

上上格

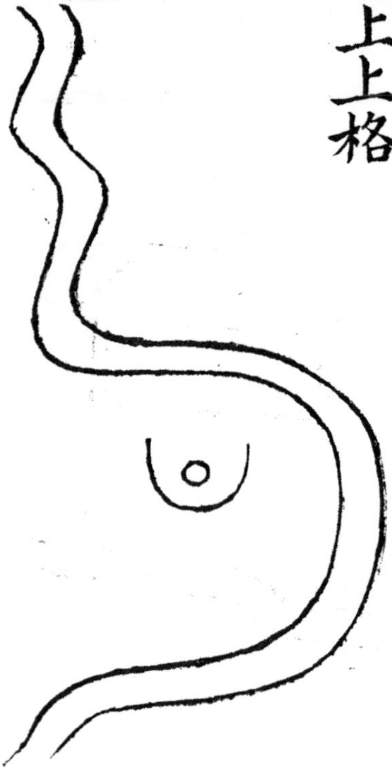

之元之水是真龍来去也能産鉅公。

水若抱身鍾大貴倘然不抱也興隆。

曲水城格 此即飛電城式

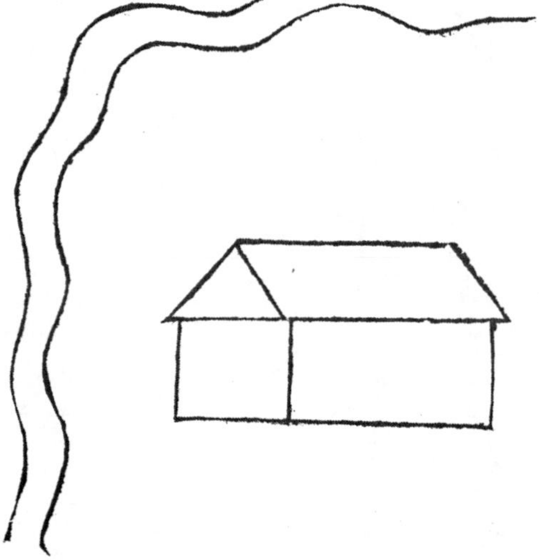

龍神彎彎屈曲来。日日進錢財。

若是曲多深且濶。門前車馬咽。

金明水秀盛文章。翰苑姓名揚。

曲水轉抱格 墓同

水星環抱定主秀麗文章。亦名纏龍格。金水之格如瓜藤。文秀寔誇能。更若回環成大局。世代簪横玉。

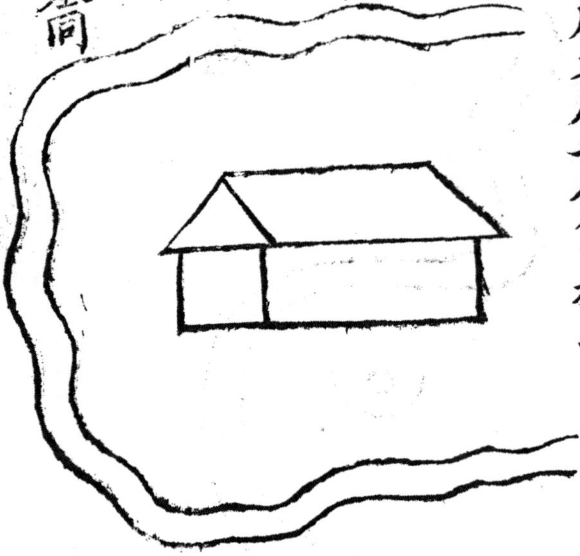

折水格

水行一折一龍居。二折兩龍棲。更加三折龍神旺。身在青雲上。

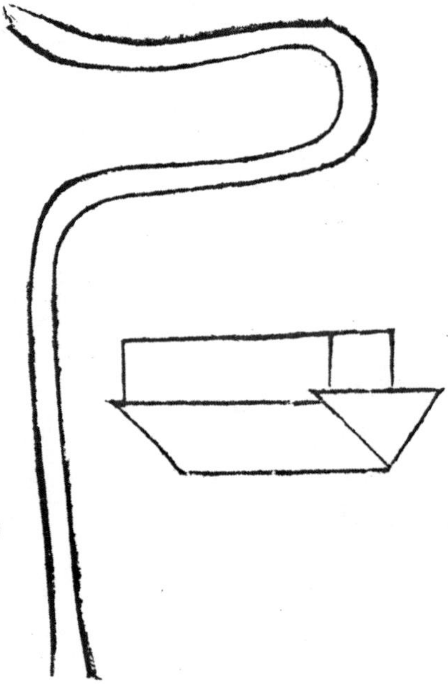

三折水格

鸞翔鳳舞曲来朝。九曲當心氣勢豪。縱少案砂攔水口。定然榮顯姓名高。

一般當面衝来直者。為凶。曲者為吉。

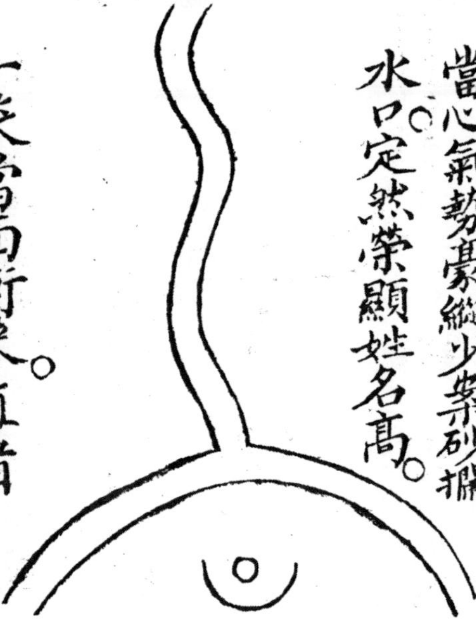

曲水反去格 宅同

曲来轉去抱他家。反上安坟穴便差。縱得秀龍可一發。若逢退運禍交加。

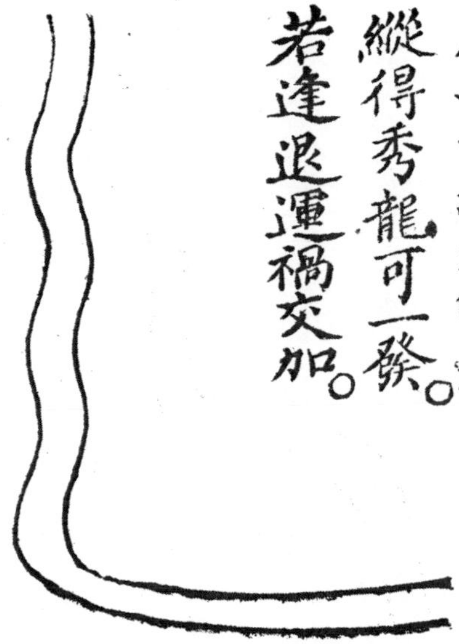

曲直水格

曲從直來。此地當裁。避直就曲。金玉成堆。避曲就直。一敗成灰。

墳前有水直冲穴。下後兒孫絶。

龍腹格

家住曲中號龍腹。其人富貴食天祿。

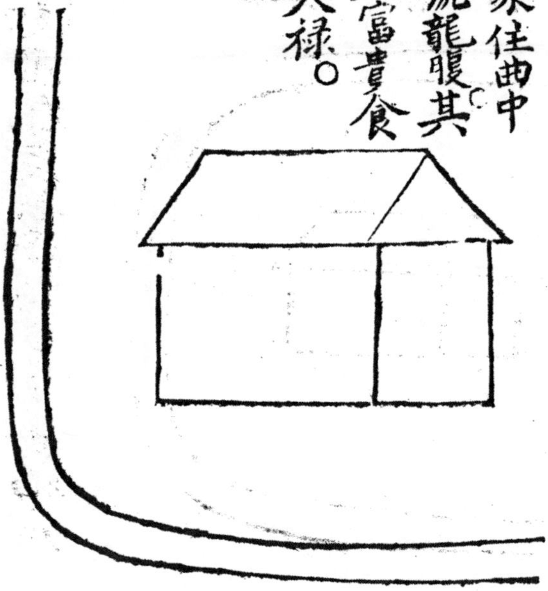

二宅同

龍背格

家住曲外名龍背。其人貧絕多乖戾。

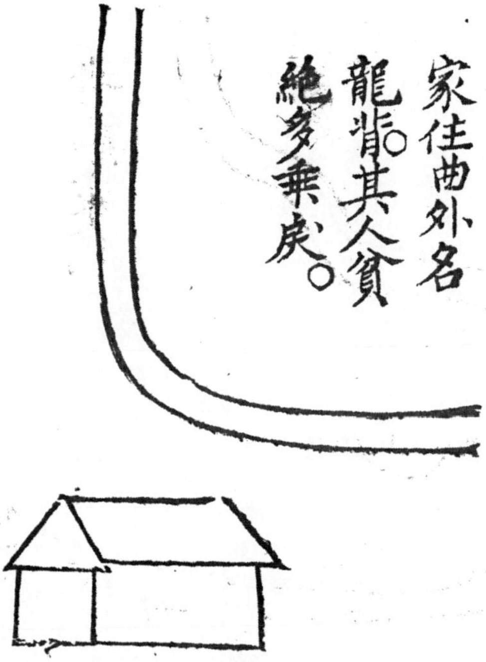

廻龍格

水神来處復回頭。此是回龍氣脉收。腹裡有底無滲漏。其中發福永無休。

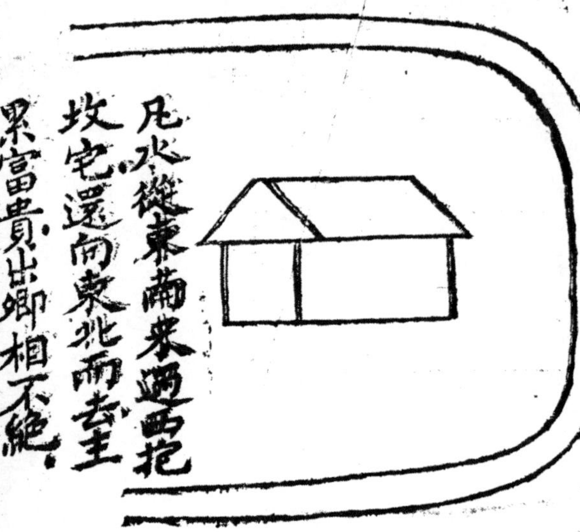

廻龍水格

西水東来抱宅坎。兒孫富貴顯家門。

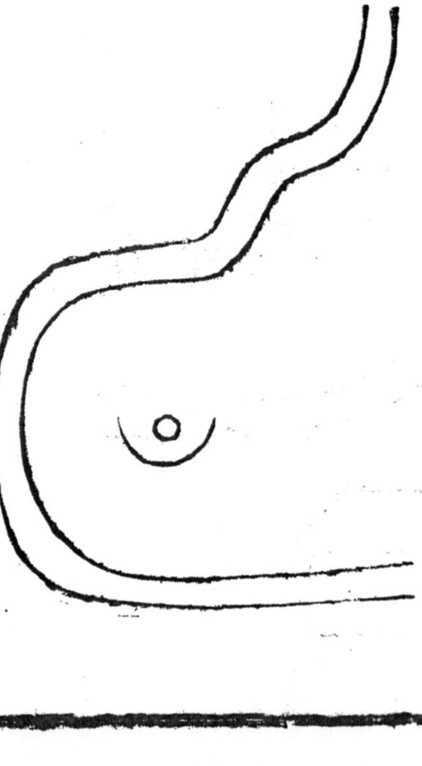

纏龍上格

右邊河水灣曲抱。此地多財寶。
若然局大屈曲來。平步上金堦。

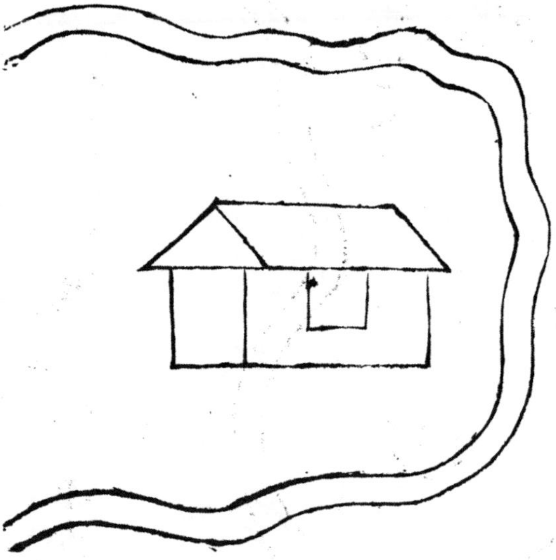

蟠龍水格

蟠旋之水是盤龍。穴坐天心元氣鍾。
世上榮華何不有。名高伊呂亮天工。

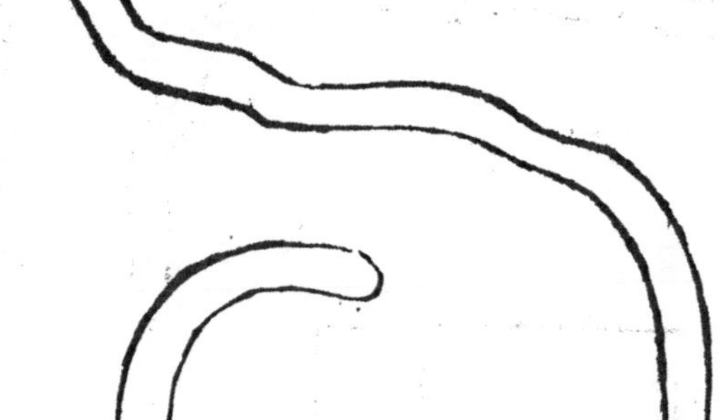

一龍之水兩頭交。化作雙龍穴在腰。
將相王侯從此出。管教列土並分茅。

雙龍交首格

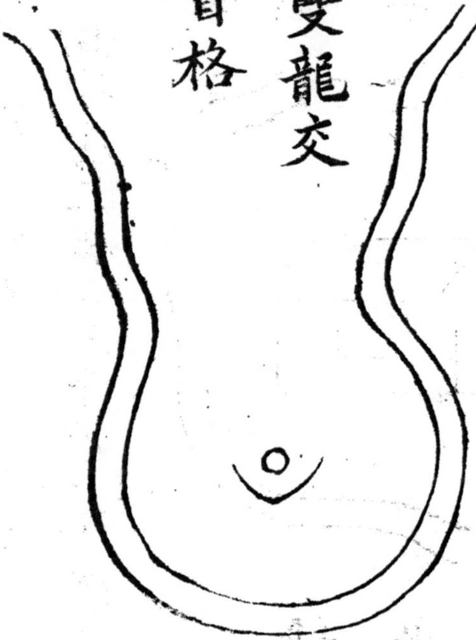

瓜藤水格

向前一轉一重庫。財寶多無數。大江
便出大官榮。小溪必主家豪富。

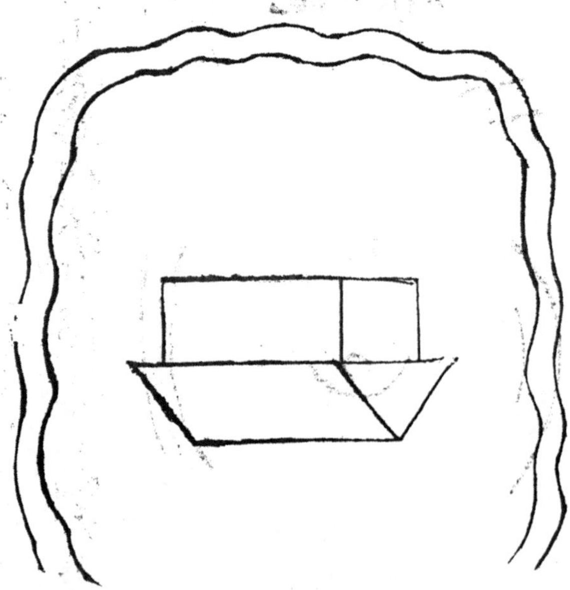

左飛龍城格　宅同

右飛龍同斷

曲来之水是飛龍。穴點居中富貴豐。更看星辰歸吉位。為官必定列三公。

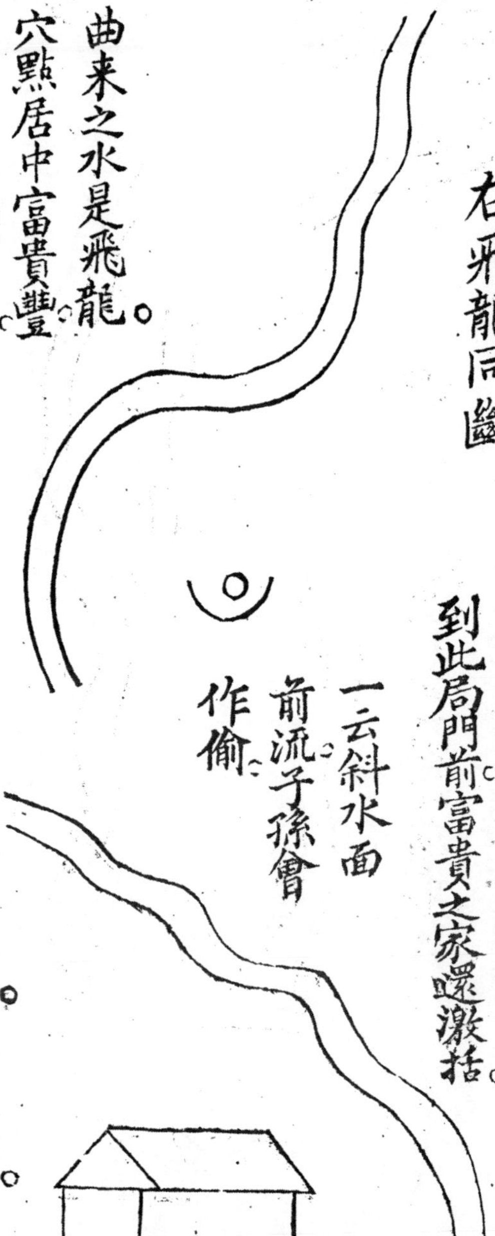

飛電城格

飛電之城最先發。惟怕崩冲并水割。若然到此局門前。富貴之家還激括。

一云斜水面前流。子孫會作偷。

雖然曲水也怕斜飛。更兼穴假。萬事全非。

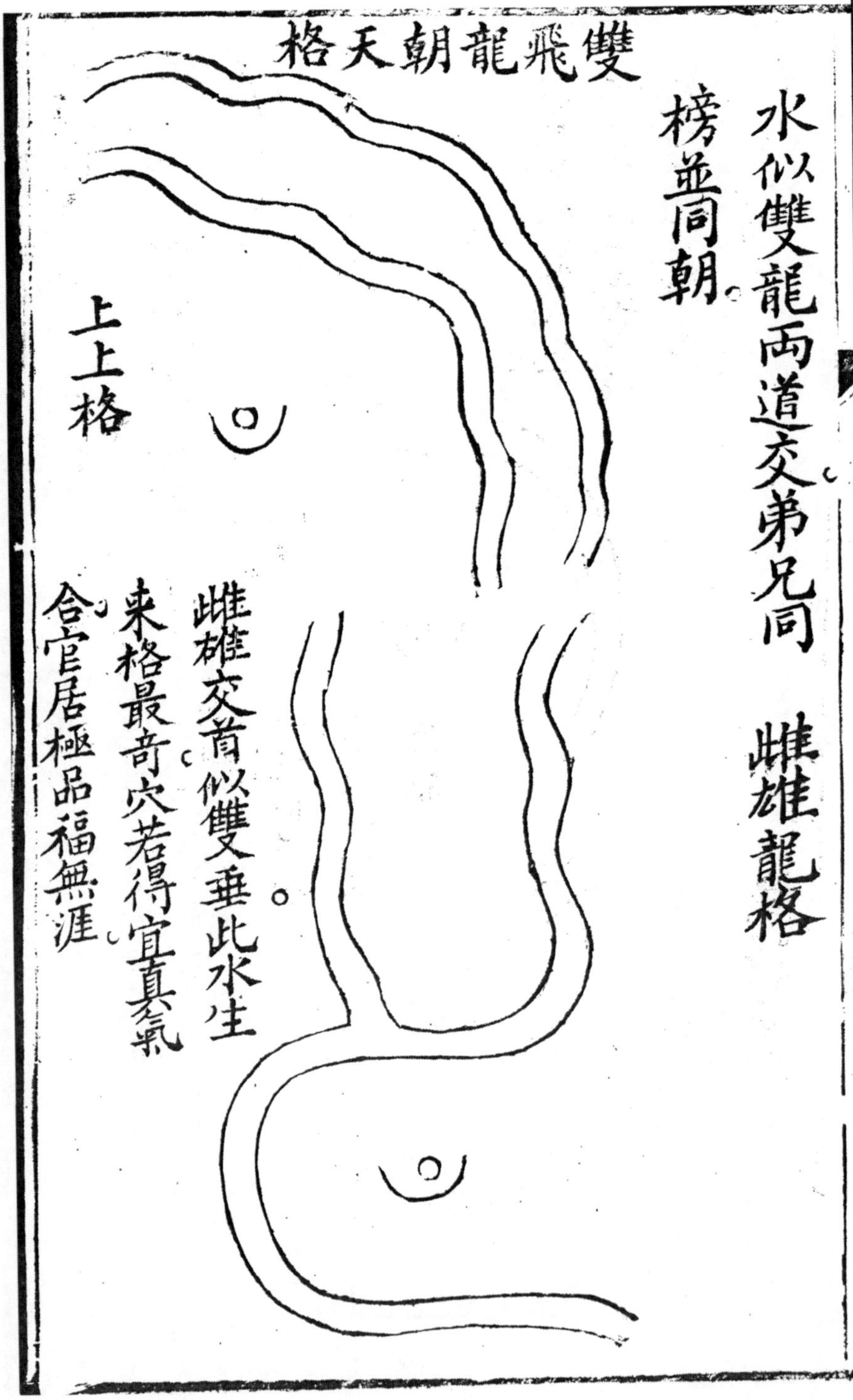
雙飛龍朝天格
水似雙龍兩道交。弟兄同榜並同朝。
雌雄龍格
上上格
雌雄交首似雙垂。此水生来格最奇。穴若得宜真氣合。官居極品福無涯。

子母龍格

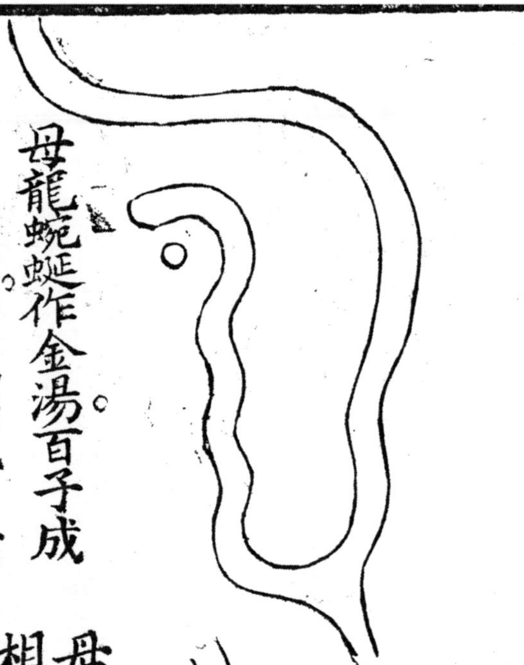

母龍蜿蜒作金湯。百子成胎腹内藏。若点胎元多子育。祖孫父子坐朝堂。

子母龍格

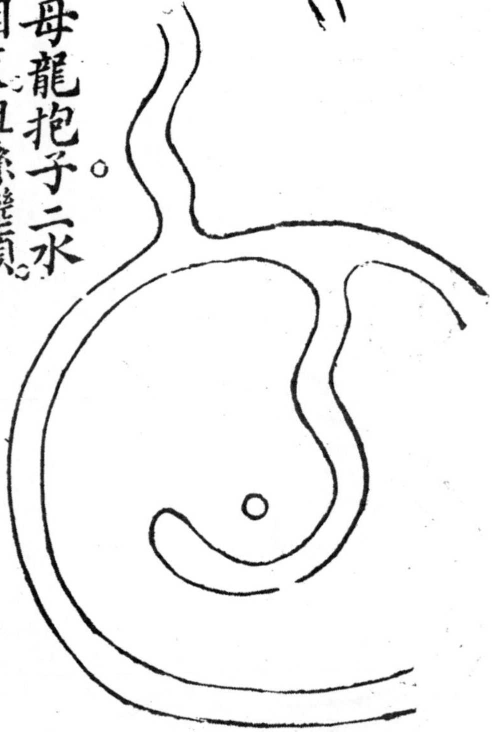

母龍抱子。二水相交。祖孫繼顯。父子同朝。

舞鳳格

羣流飛舞入垣城。鳳翥鸞翔羽翮輕。
更得穴中真氣結。不爲仙客也公卿。

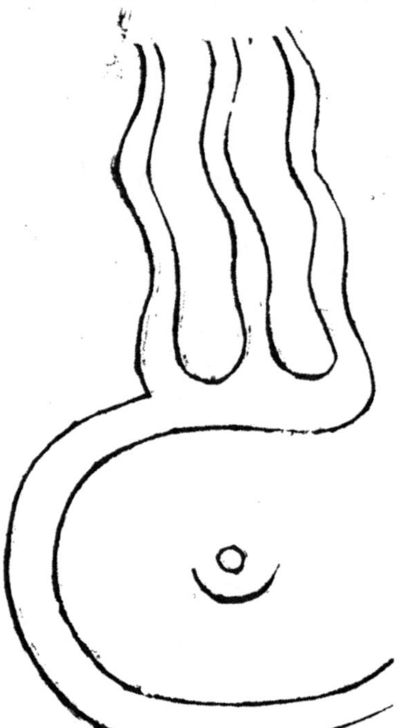

蟠龍舞鳳格

翱翔朱雀勢縈迴。儼若蟠龍屈
曲来。下後兒孫登甲第。官居清
顯列三台。

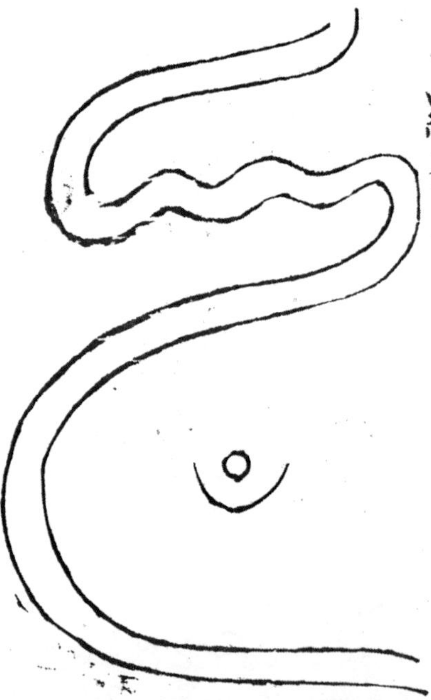

宅同

御街水格

御街之城實至貴。宰相三公在高位。
若然龍後帶奇星。定主聖朝天子氣。

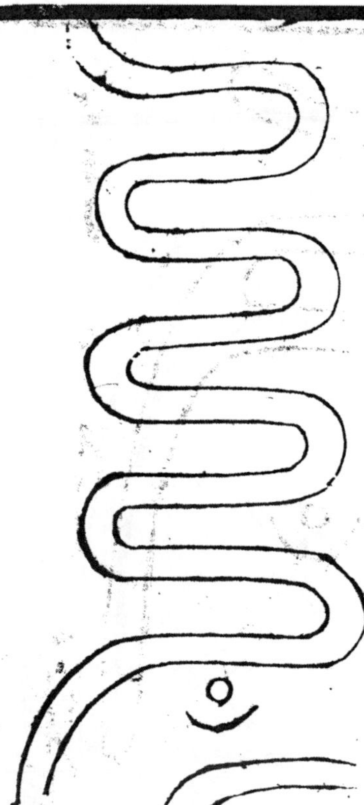

御街水格

二水二重龍。如帶復如兮。
為官家富足。清職顯門風。

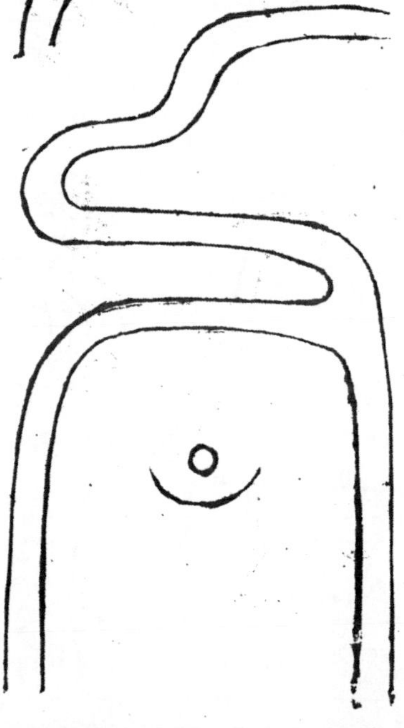

覆鍾水格

來水灣灣若覆鍾。堆金積玉富貴豐。子孫顯貴登金榜。四遠聲名達九重。

上格

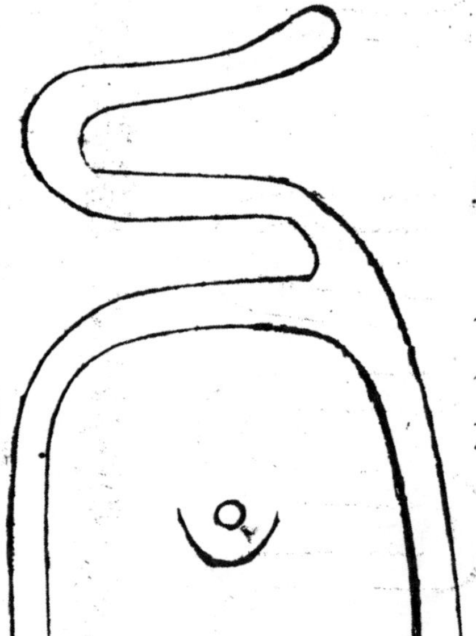

幞頭形格

有水前流似幞頭。官來不用求。

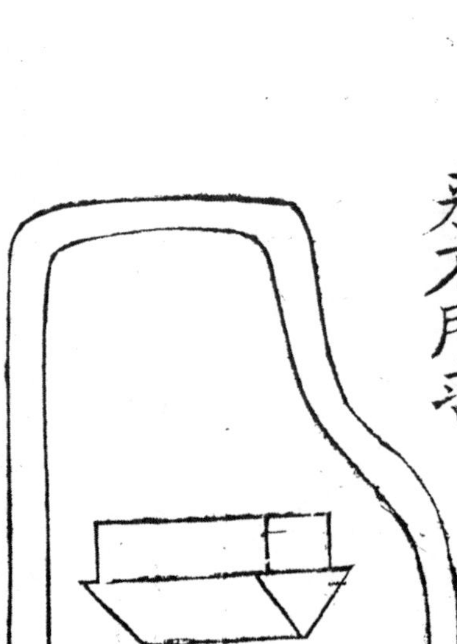

蔣大鴻曰。此不過以水城遶抱而發。不重在幞頭。

玉几水格

青龍有水如玉几。官居州縣貴。

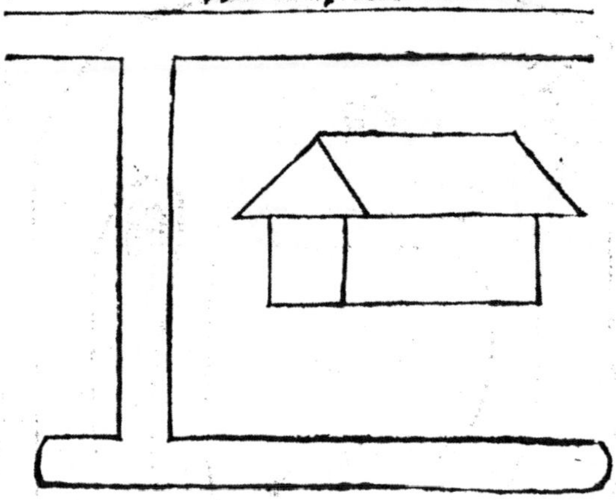

聚水龍格

衆水如龍四面來。定知此地出三台。縱然氣散難豪富。也出文章絕世才。

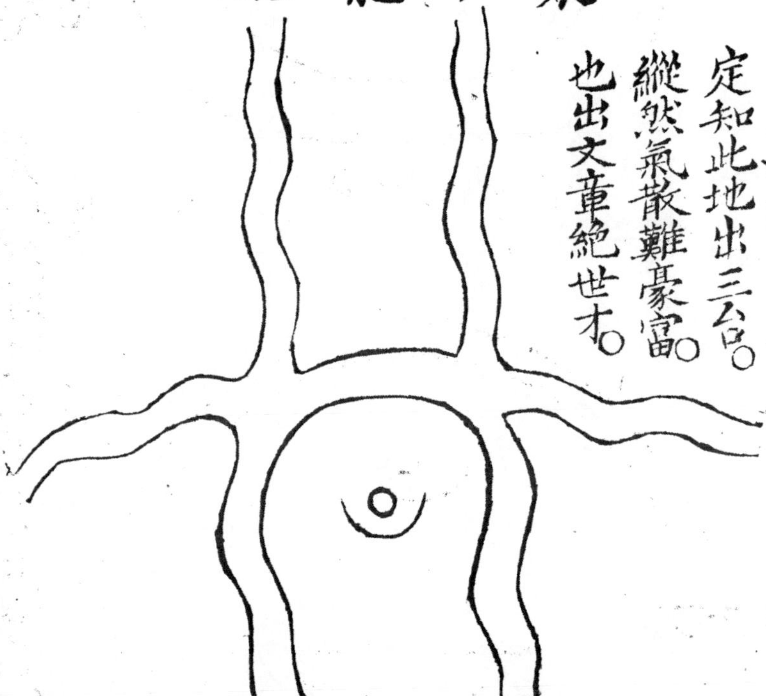

印浮水面笏橫前。文筆森森劍氣寒。
穴下水城如遶抱。兒孫定許出高官。

砂水合秀格

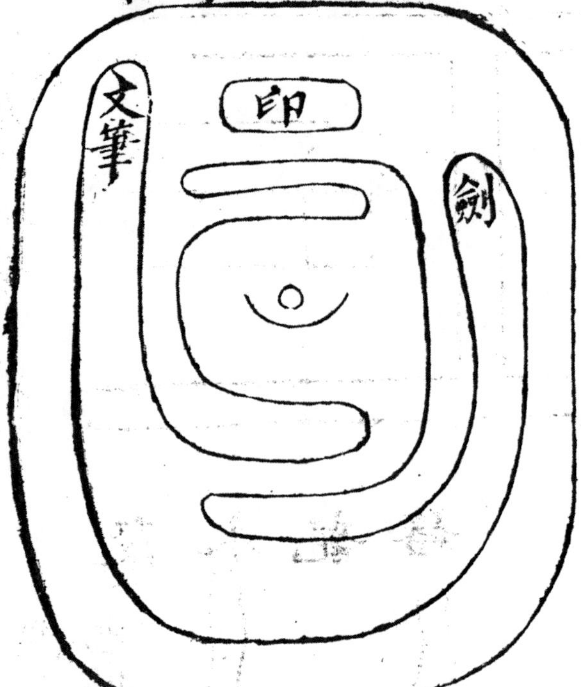

方塘田水皆曰印方

秀峰羅列在雲端。若是無龍空有山。
得真胎来蔭養。群峰齊應出高官。

山水連秀格

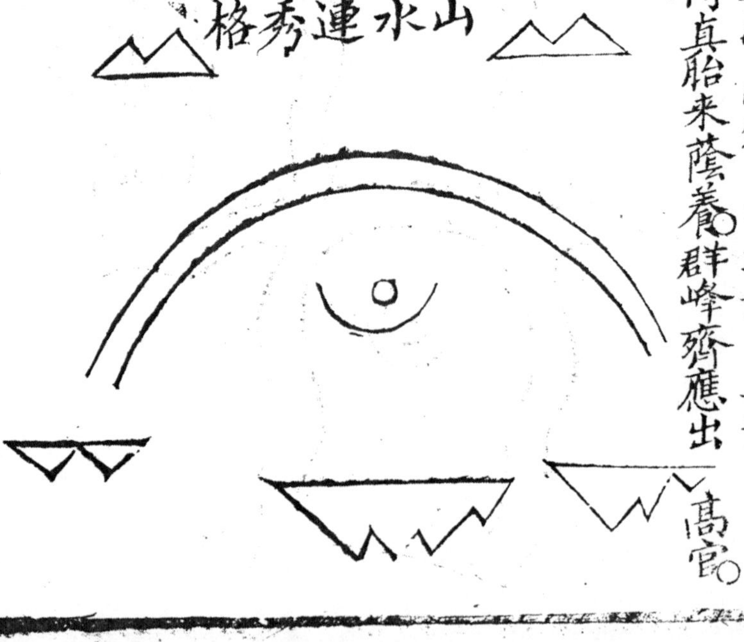

斜水侵山格

山龍之脉。亦嫌水斜。縱能發福。必主傾邪。

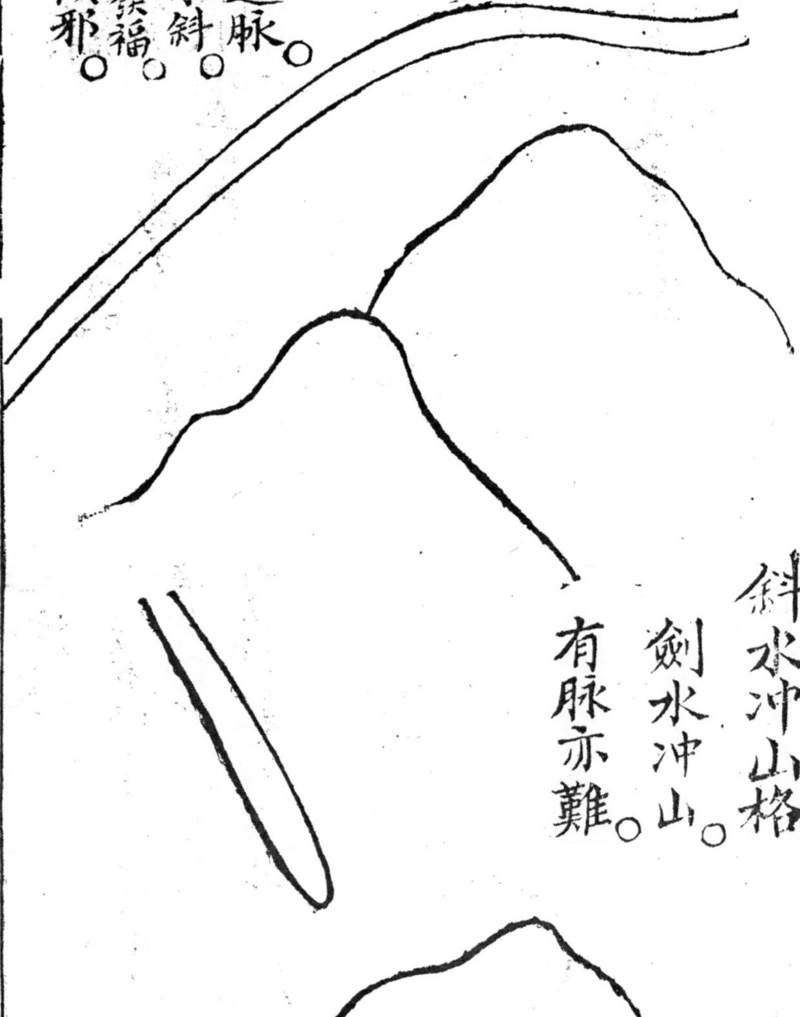

斜水冲山格

劍水冲山。有脉亦難。

池湖脉

前有池湖、汪洋巨浸者、亦稍遠大吉、若太近前、難為子嗣、雖富貴亦須代代損妻、以無餘氣故也、

前後有此水大吉二宅同

池湖脉

前後有湖池坟宅兩相宜。池前須貼近。池後要防欺。下法看平正傾斜脉便離。更相方圓位拜之各有宜。

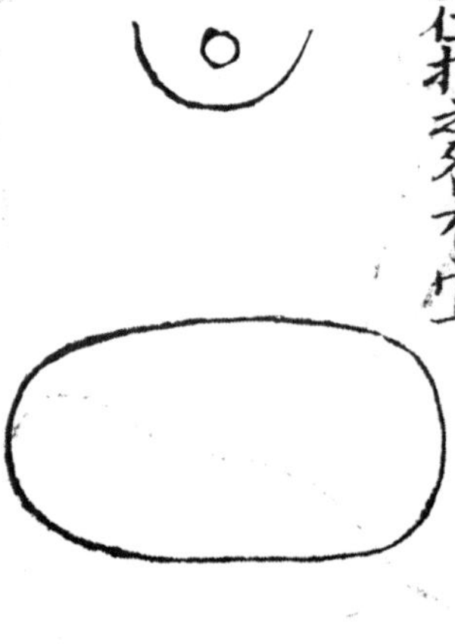

池湖脉

方印積水深。此地出官人。

明堂積水深。圓鑑足誇論。出人多秀麗。男女喜雙清。

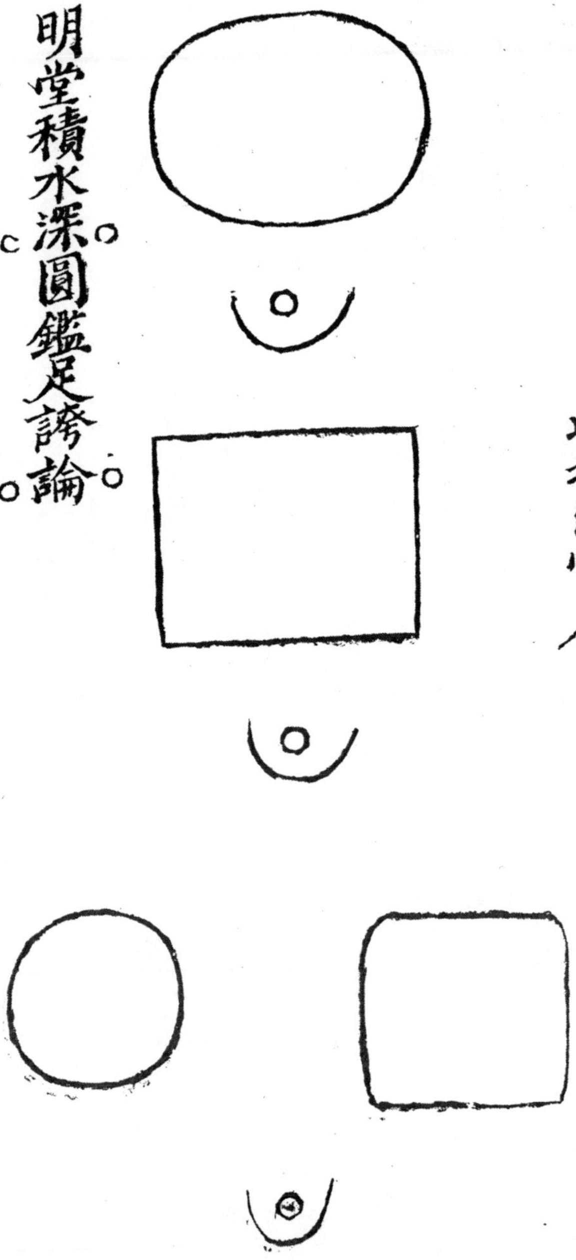

印鑑形

池湖凶格

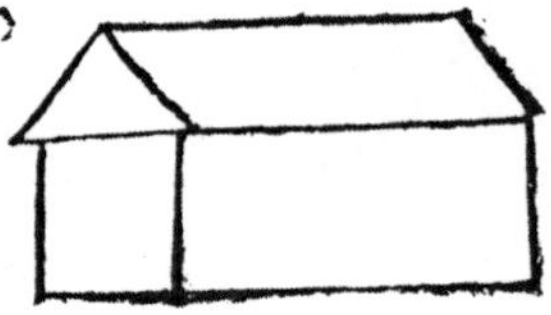

凡内外宅在池水之偏旁者。主有兵死客死者。四隅方位同論。

滂池若坐偏氣脉不周全。子孫多不孝。刑獄更相牽。又曰凡滂池塘水在塚後偏斜。主子孫不孝及有獄死人。又曰坑坎龍不十分吉。

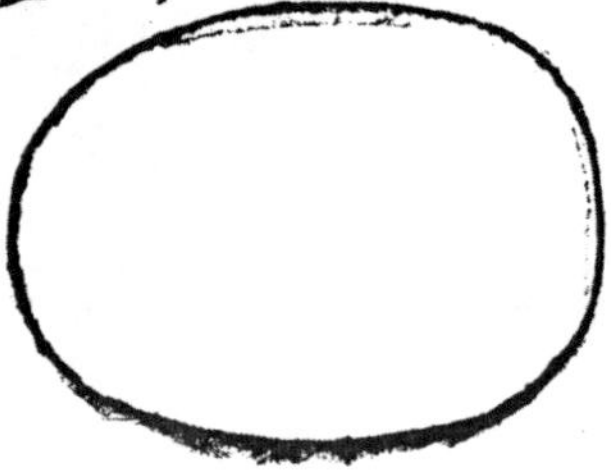

池湖脉

橋梁格

當門橋來直冲着。此為大凶惡。主出瘟病孤寡人口不寧。

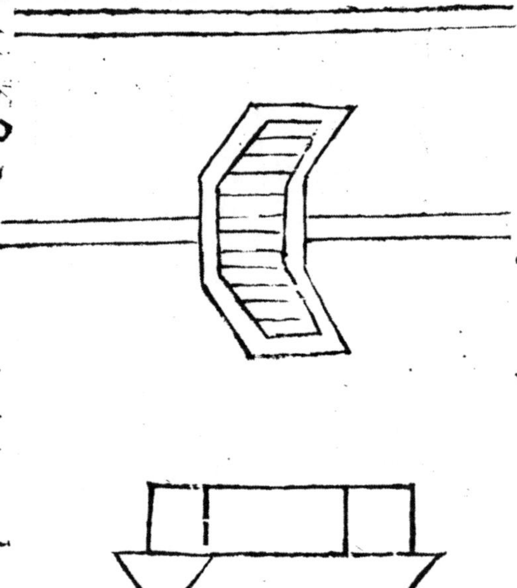

蔣大鴻曰。此亦橋在衰敗之方故也若在旺方反能召福。不嫌朱雀。

橋梁格。青龍之上有橋橫頭水任君安。

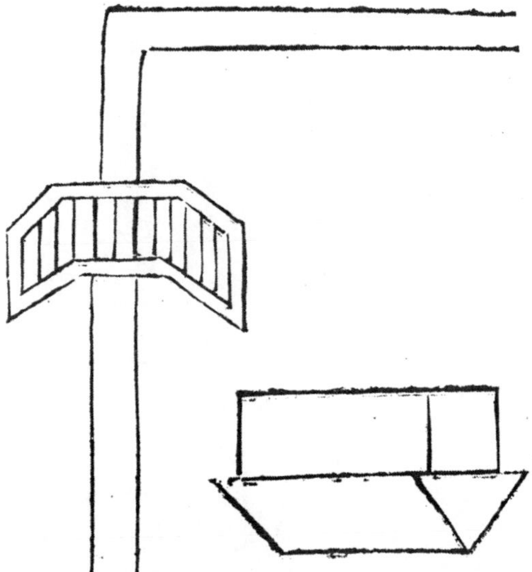

橋應論方位合元、不可但云青龍、

橋梁格　墓同

蔣大鴻曰此應橋在衰敗之方陽宅以洩氣為重故全不吉也若在旺方反主吉不可以青龍白虎分吉凶也陰宅橋輕

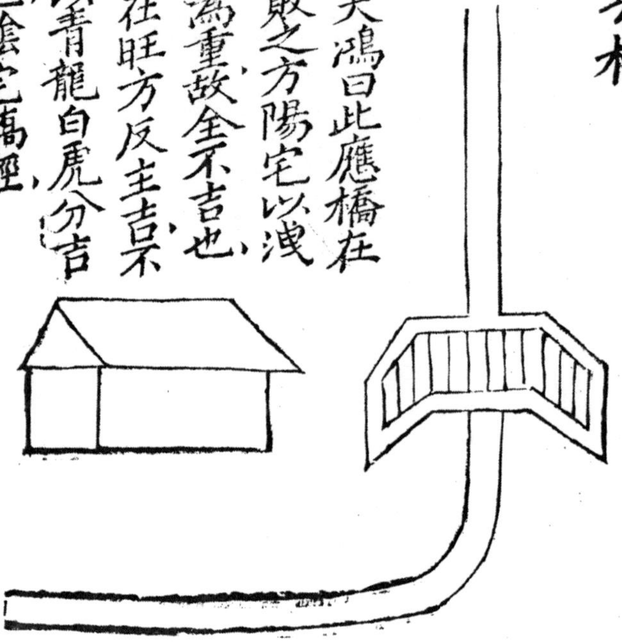

凡近塚有井者主有患心腹及病目人井不分偏左偏右前後若太近塚側難為子孫

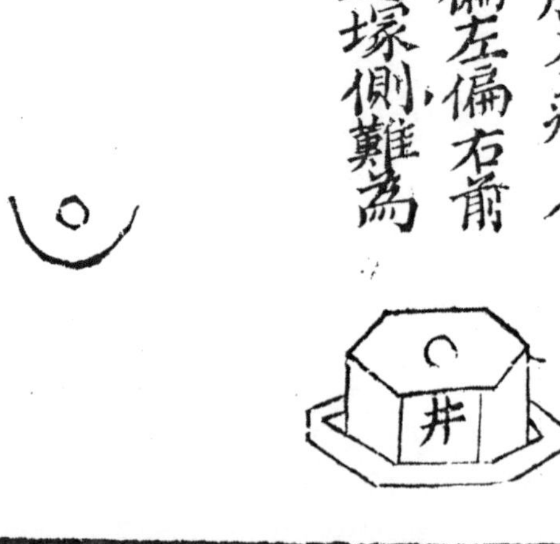

直流水格

直水水無灣。兩旁不可安。
全然無氣脉。到此不須看。

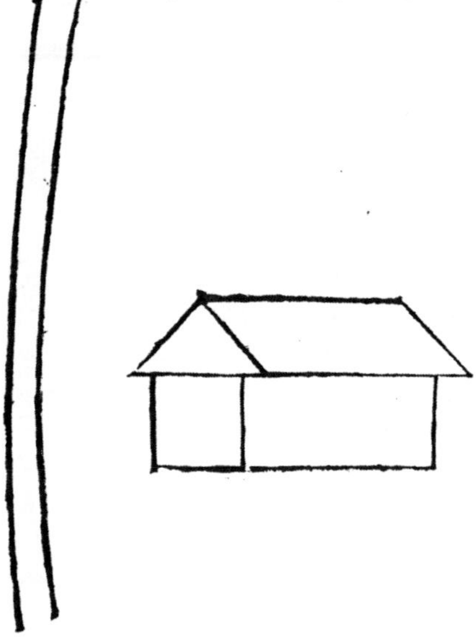

直中取灣格

直水地居灣。
其家反得安。

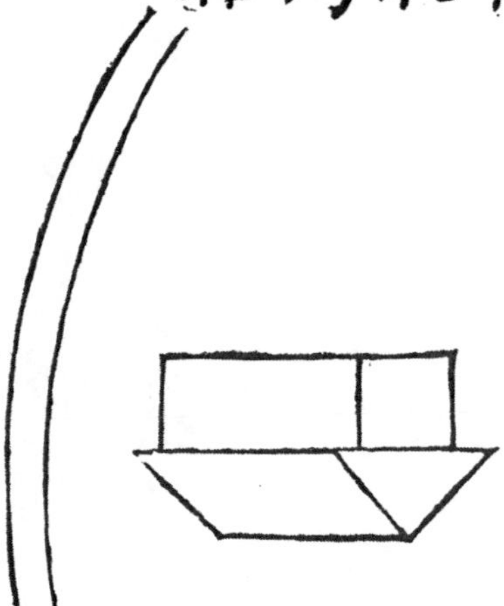

橫水凶格

屋後橫水直流通。暫時未敗即貧窮。

墓同

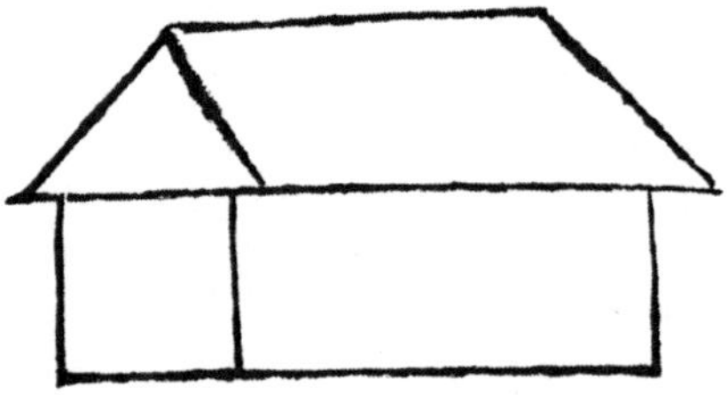

橫水微抱格

橫身直過本為凶。畧見灣環氣脈鍾。縱少星辰占富貴。喜無傾敗損家風。

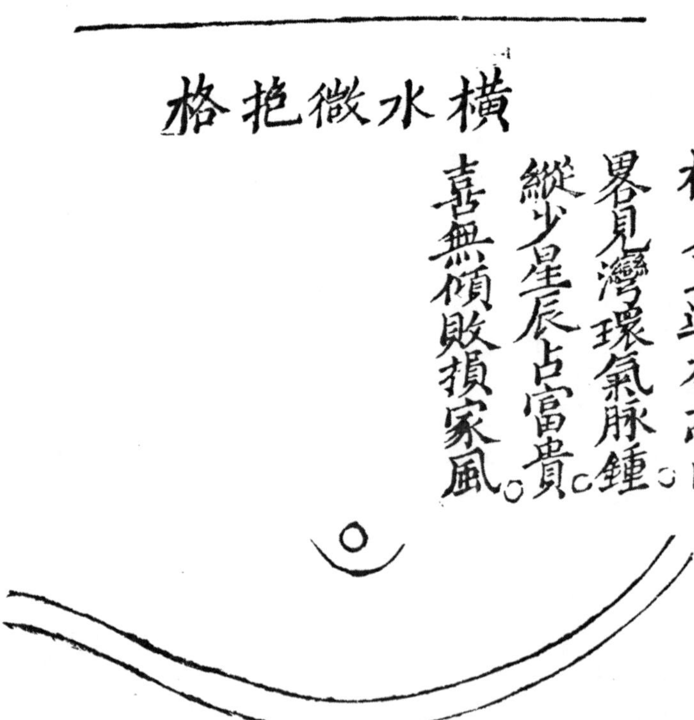

明堂橫過水格

宅同

內圓外直。取內作吉。凡橫過水不牽不掣不斜不側。不反不飛乃作吉、

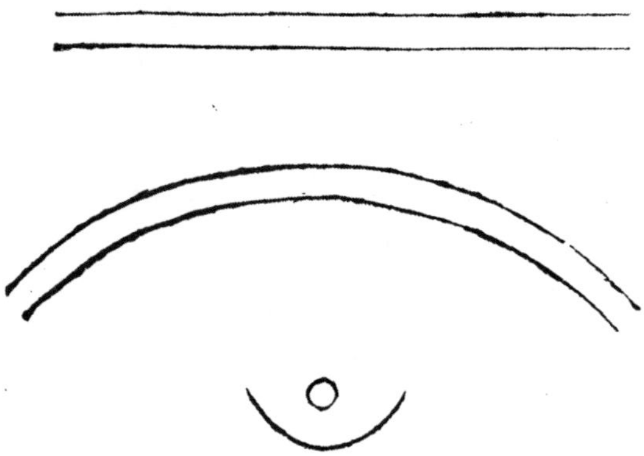

明堂橫過水格二

貼體硬直。內氣不鍾。灣弓外抱。隔遠無功。

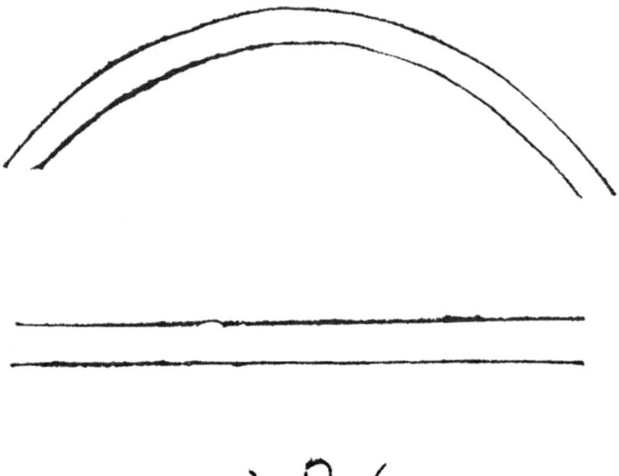

反跳水格

白虎源頭一反勾。財似鬼来偷。

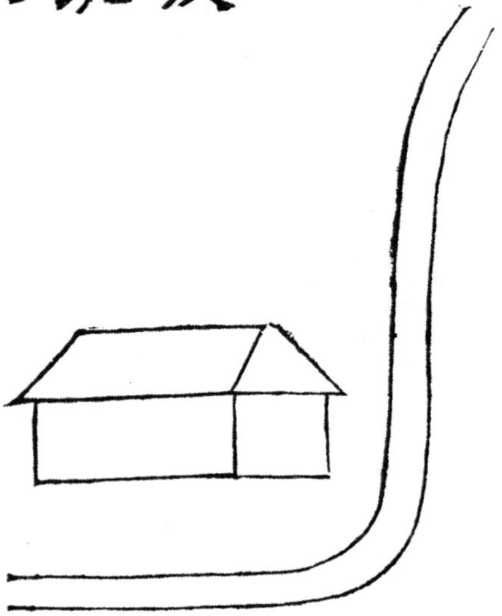

墓同

反水格

龍神反去不朝身。扦着退家門。

左邊若見長房哭。右邊小者衰。

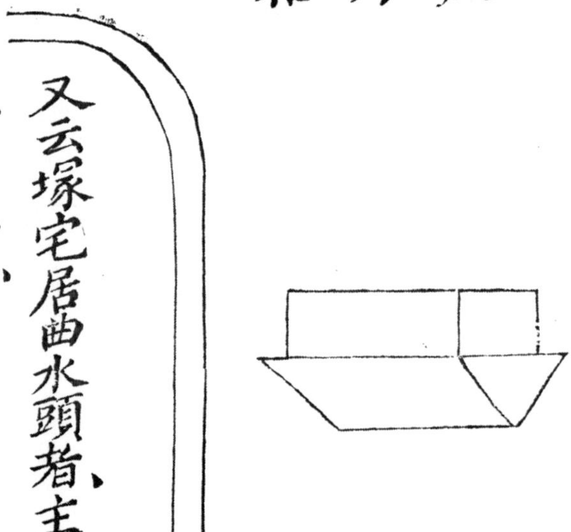

又云塚宅居曲水頭着、主子孫多死亾、

青龍頭去反如飛。家破及人離。

反飛水格

墓同

坐後轉身作土星。其名抱脚更須論。
去無曲勢何能發。穴若偏傍愈失神。

拖脚反水格

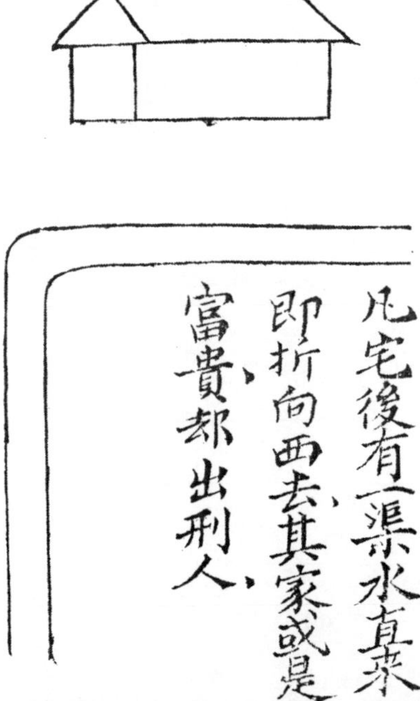

凡宅後有一渠水直來、
即折向西去、其家或是
富貴、都出刑人、

先抱後反水格

先抱後反。發便衰。

反跳水格

反跳之水是回凶。墓宅逢之萬事空。生男定少忠和孝。生女還歸花柳中。

宅同

水才過穴而反跳。一文不值。主凶。

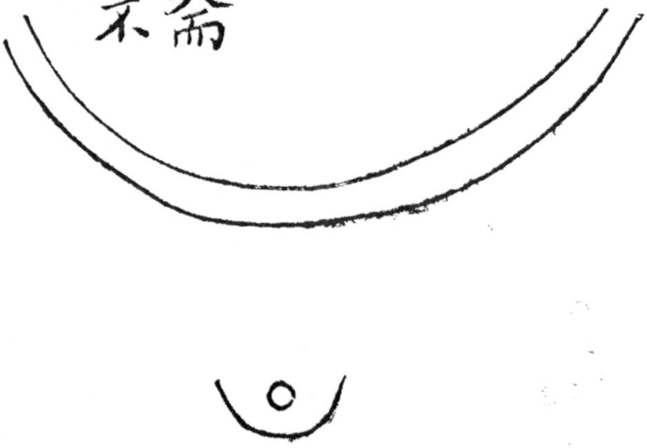

反弓水格

水法似翻弓。扞之必有凶。
出人多拗性。悖逆亂家風。

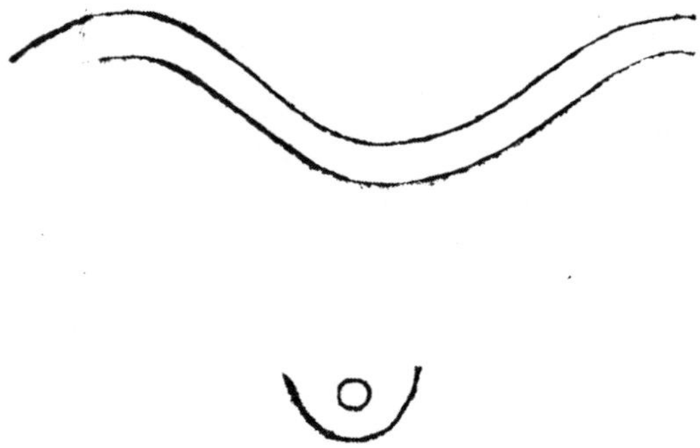

捲舌水格　墓同

水如捲舌最堪悲。退散人丁最不宜。瘖啞之人端有的。時常搬唆是和非。

後雖遶抱而左手反去。所以吉中有凶。

重反水格

水反兩三重。其家必定凶。

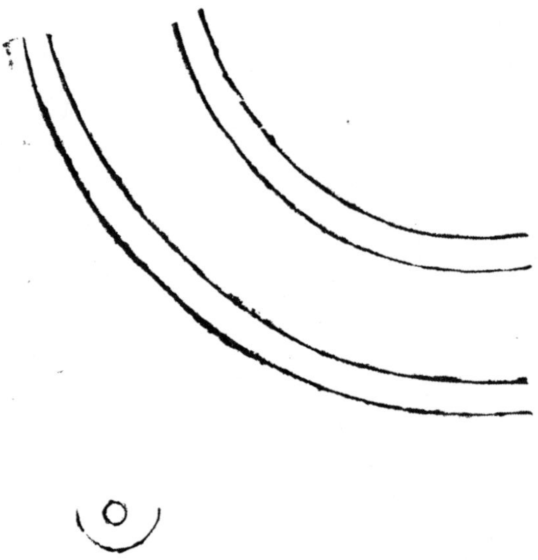

前有兩水、流向塚邊出者、主子孫不孝殘疾、

水穿龍臂格

水穿龍臂少年亡。虎眼繞流生禍殃。
更有兩邊堪忌處。城垣所割女男傷。

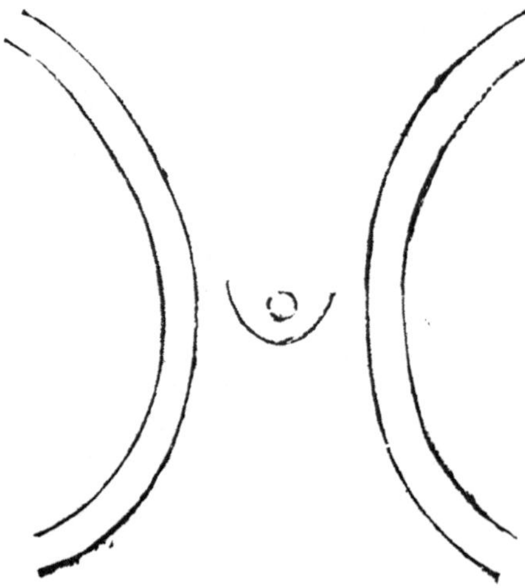

斜飛水格

水城斜走去如飛。兒孫主竄移。家業漂零難保守。人丁漸漸稀。

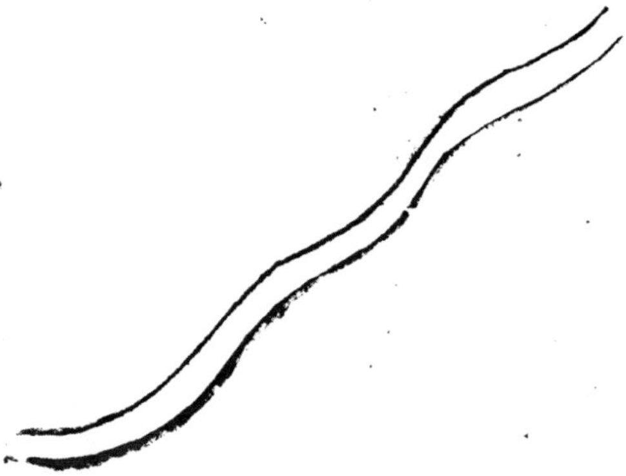

斜飛水格

白虎一水反無情。離鄉徙配人。

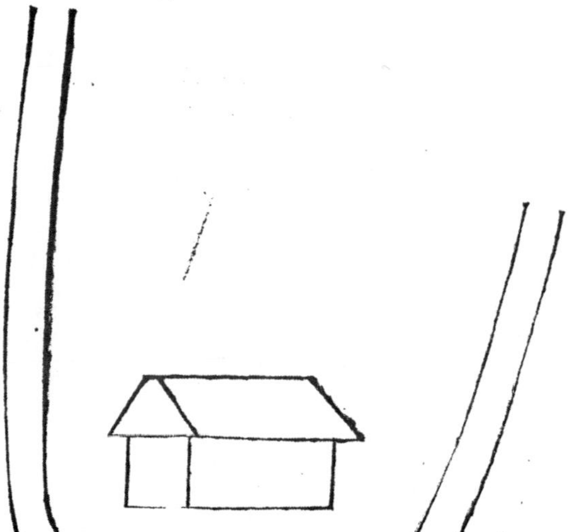

分飛格

頭斜脚反两邊來○此號扛尸寔可哀○客死瘟瘽并刑獄○更嫌婦女性多歪○

分飛格

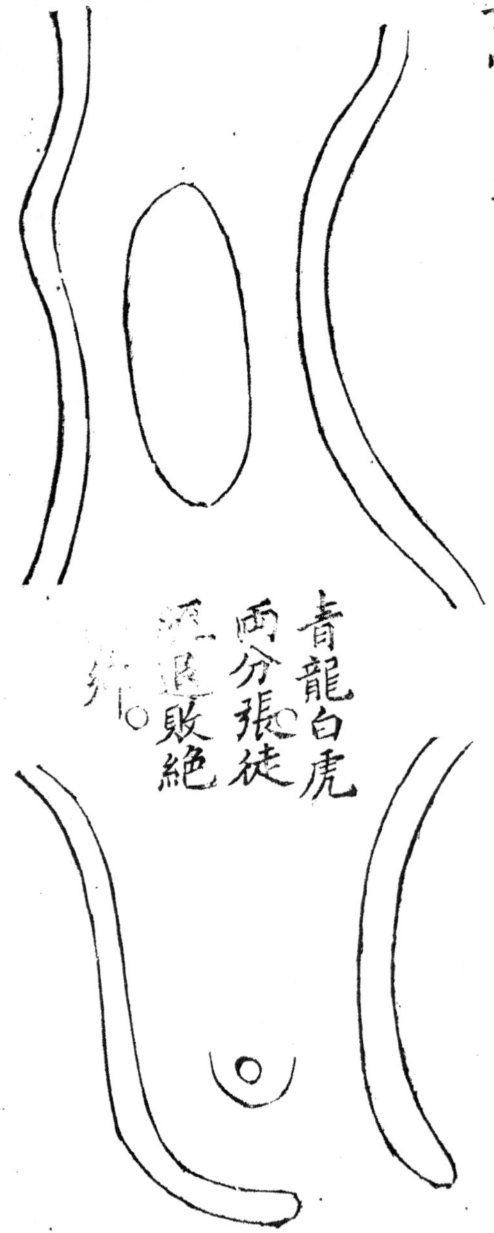

直衝漏氣格

左邊有河直冲來風吹散人財。

蔣大鴻曰此雖金土城為左邊木星冲破。

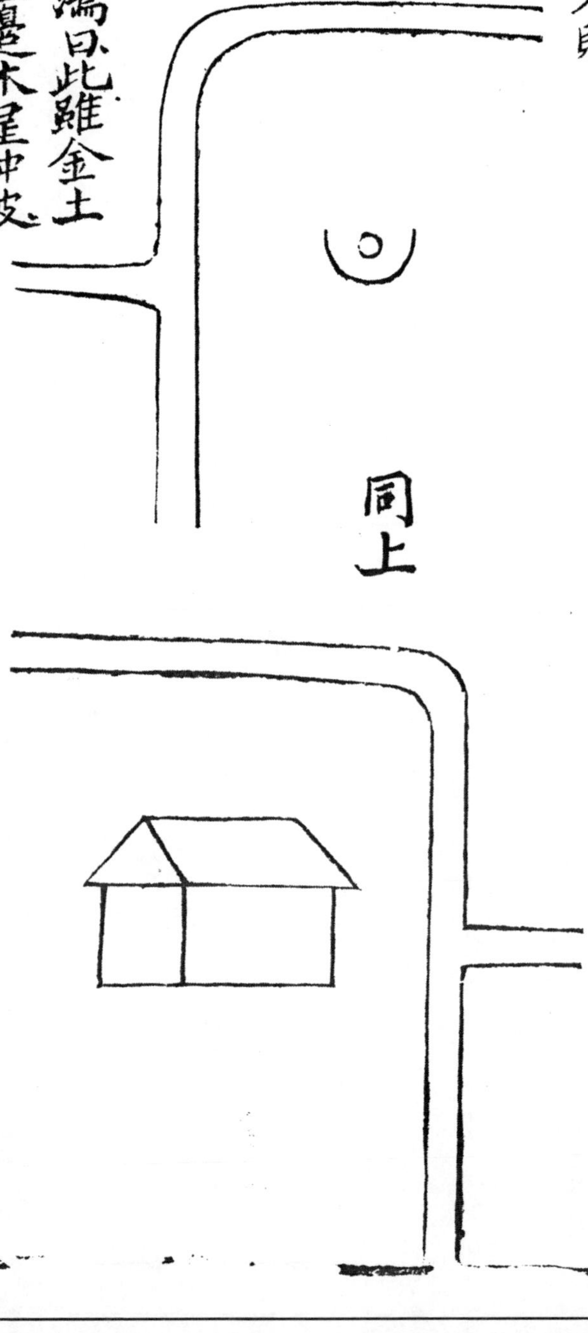

同上

右畔通風水直冲。災禍又逢凶。

枝水漏氣格

坟宅前後有此
水漏去不爲吉

直水有枝兜
旺時不用憂
若然加一抱
福祿自悠悠
合元則發
運過便衰

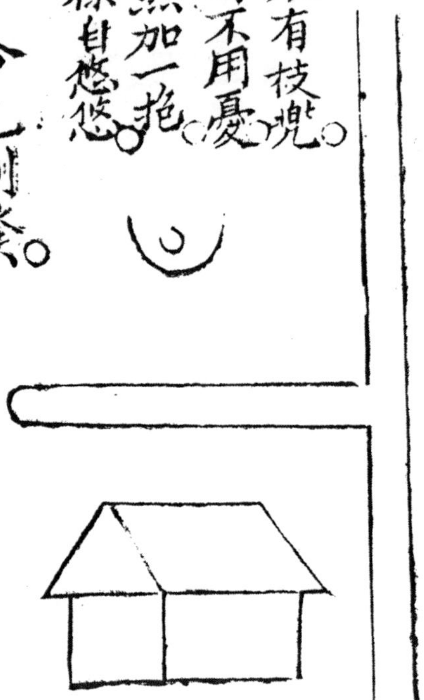

同上

左右小水筆如頭此宅進田牛運若合時隆隆起運退家如洗只因水直末兜收一轉即無憂

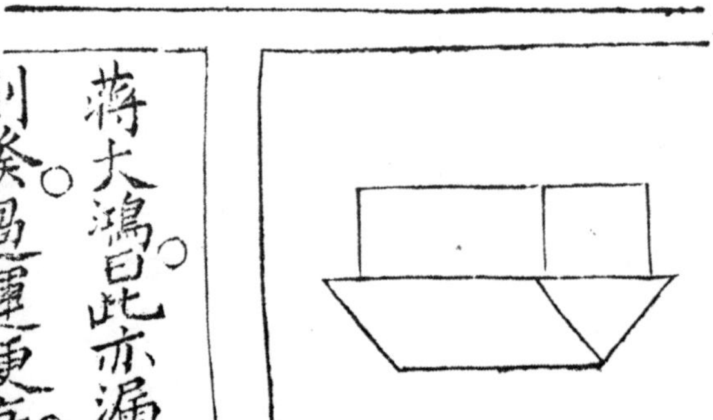

蔣大鴻曰此亦漏道合元則發過運便衰

漏風水格

十字交流處處通。總然織錦也成空。莫將枝水為收束。浪打風吹無定踪。

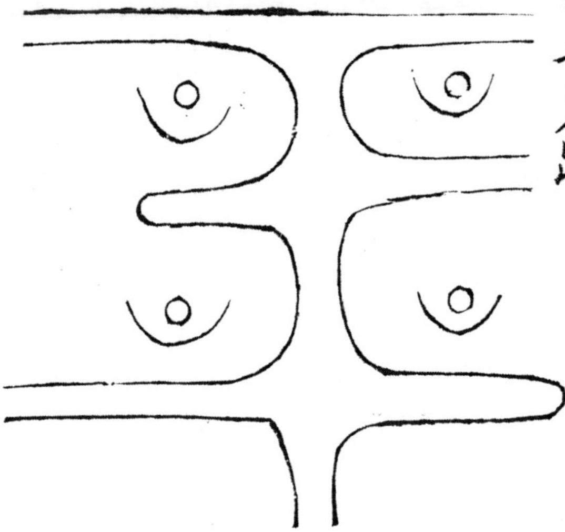

漏風格

漏風吹塚不堪觀。子嗣應知夭壽看。後出穿窬前夜行子。橋攔雖阻豈能安。

交流水格 墓同

屋邊二口水通風。

子孫終是受貧窮。

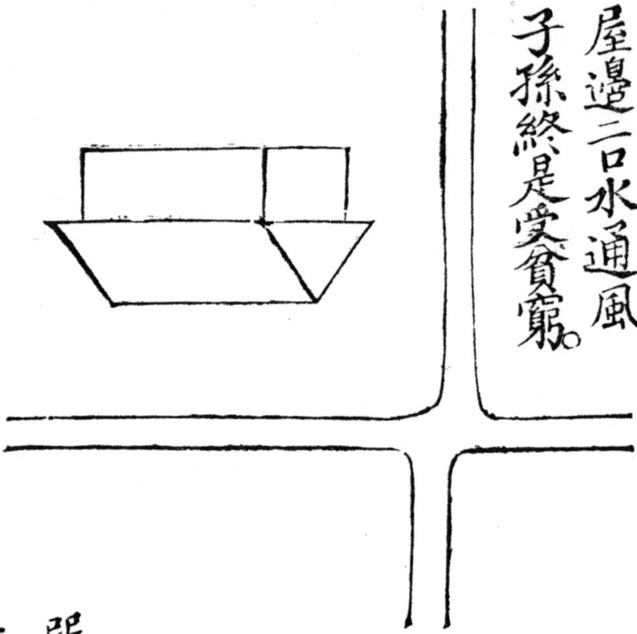

漏風格

乾風吹塚。

子孫絕嗣。

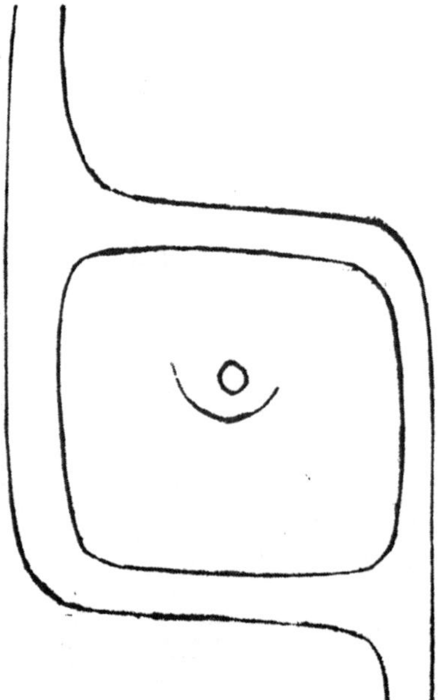

巽風吹塚。

子孫拳攣。

蔣大鴻曰、此亦主元運衰替而言、

漏風格

乾坤二風吹。子孫主窮離。

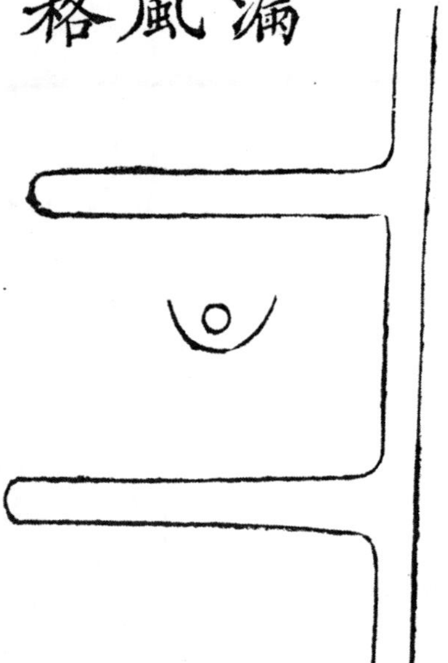

交流水格

水形似抱。實係交流。全然無氣。不用搜求。兩水交流還抱穴。漏去還消歇。更兼分走作交流。一敗不回頭。

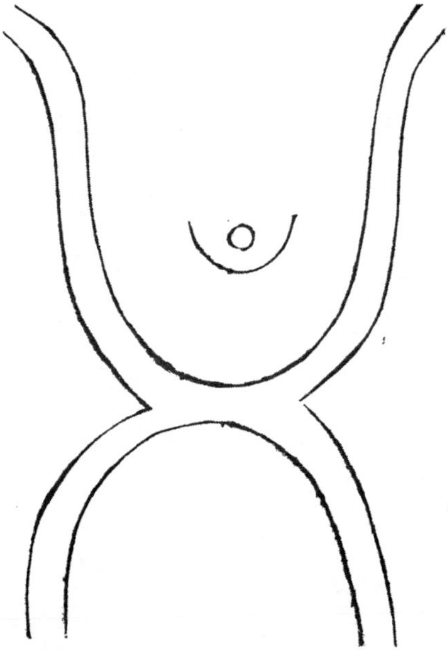

前有兩水、若夾埏道交流、主有殺傷死、

漏風水格

水来揀界勢橫縱。若是無兜便漏風。雖然眼裡如花錦。下穴之時總是空。

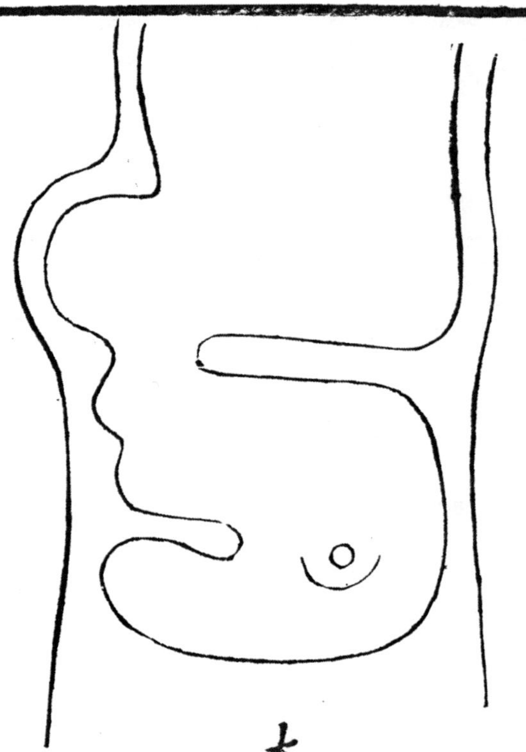

同上

水面四脚飛浪。浪打及風吹。雖有灣環并渟蓄。總無真結不堪棲。

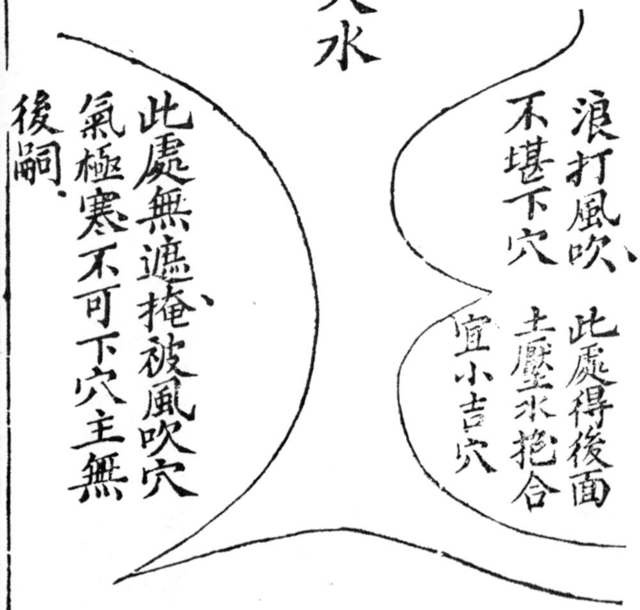

囚水格

四面水停流不久有灾憂心疾并腹痛水滴藥難救○

陰陽二宅○一發便衰○至一代發福二代窮若不急移○三代耗絕無收○

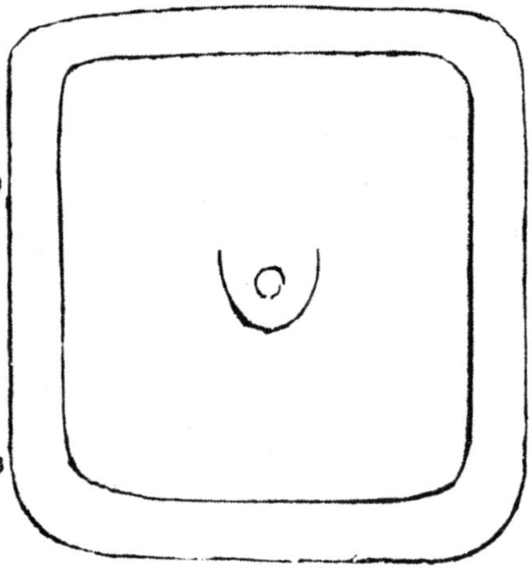

囚水格　同論

四面水同流○其名喚作囚○旺運之時財一發○運衰之日萬般休○弔角挨邊猶自可○居中下穴更堪愁○時師莫說棋盤上○下着將軍禍到頭○

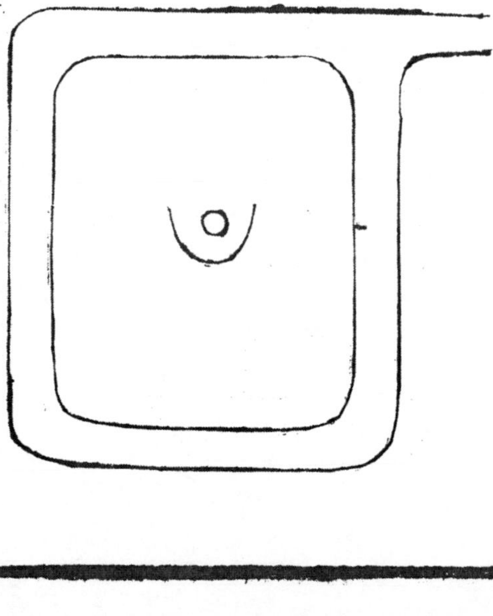

十字水格

此地不宜久居。久居日漸消磨。

主人口年年癰病

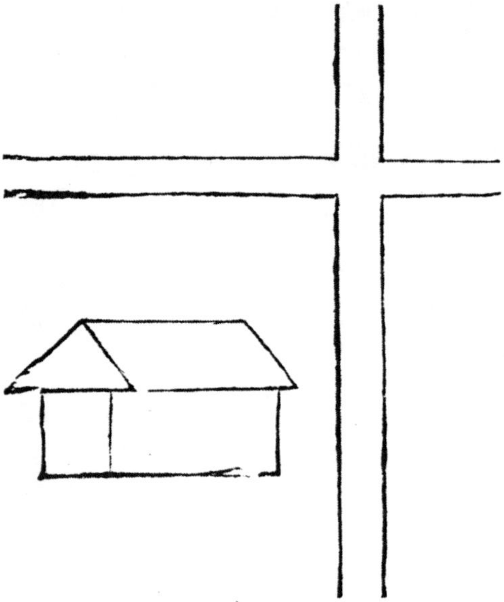

十字水格

十字行来向住居。兒孫手藝宜居。

雖然温飽多成敗。定出娼淫宅已虛。

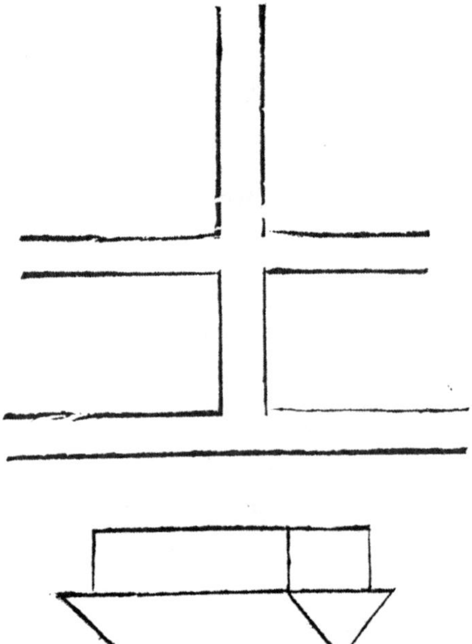

十字水格

宅後青龍十字河。

風冲鬼病磨。

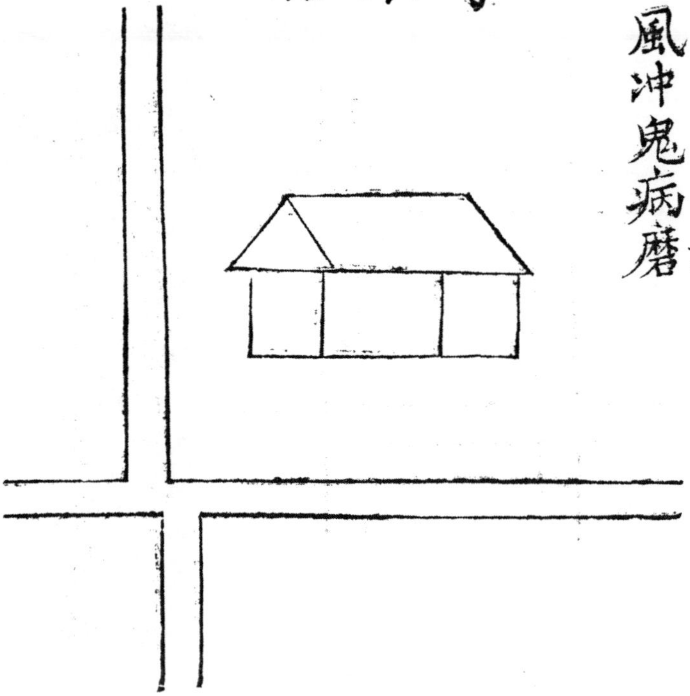

廿字水格

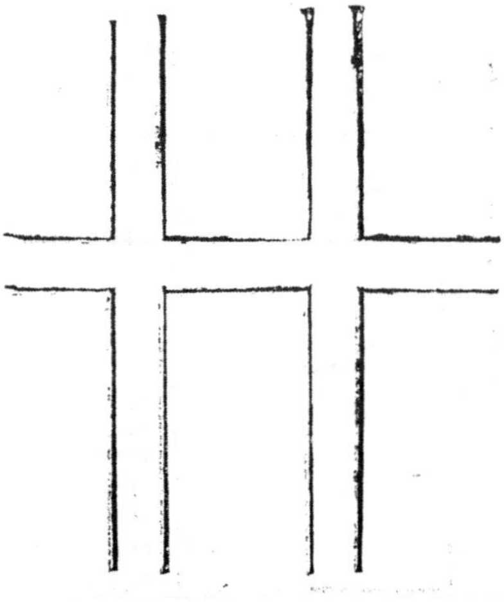

井字水格

十字之水君莫看。廿字井字總一般。
若然市井猶堪住。獨自一家不可安。

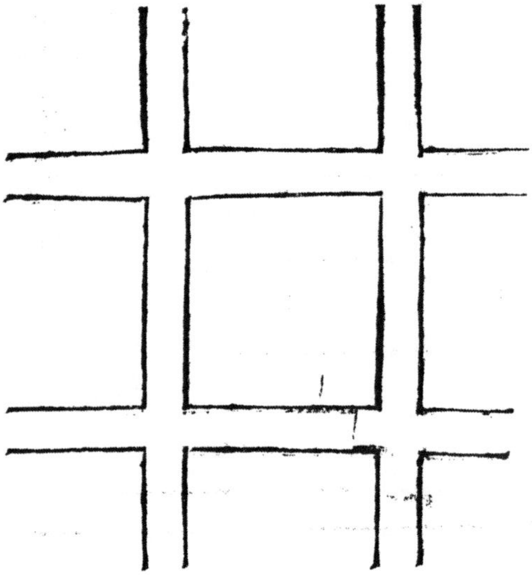

四水相朝格

迫迫四水入明堂。直射不相當。
若還屈曲水廻顧。財穀應無數。

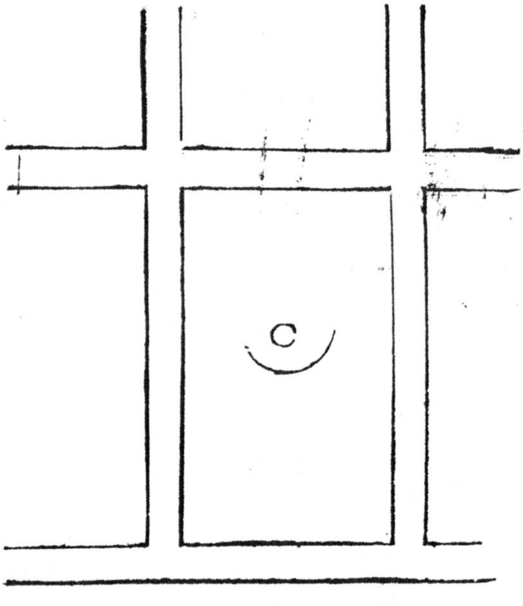

箭射格

箭水射當心飛来大禍侵。墓同

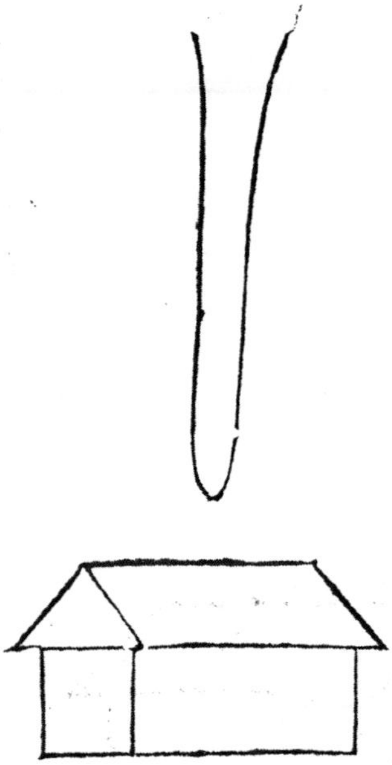

枉矢水格

穿心之水又斜行。上應天文枉矢星。刀箭加身死兵賊。更兼自縊及官刑。

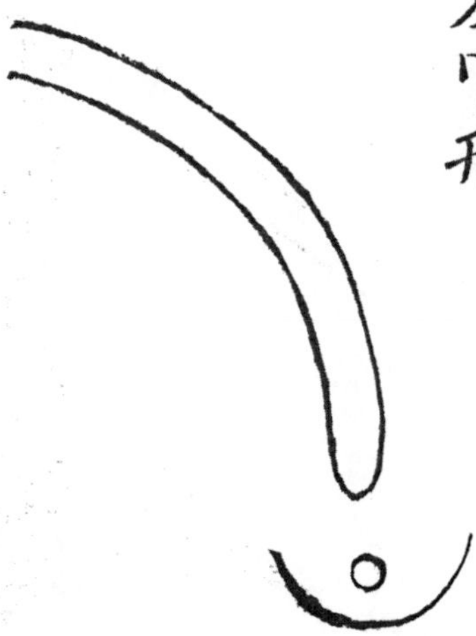

尖射水格

青龍如鎗来射身。兒孫遭凶刑。

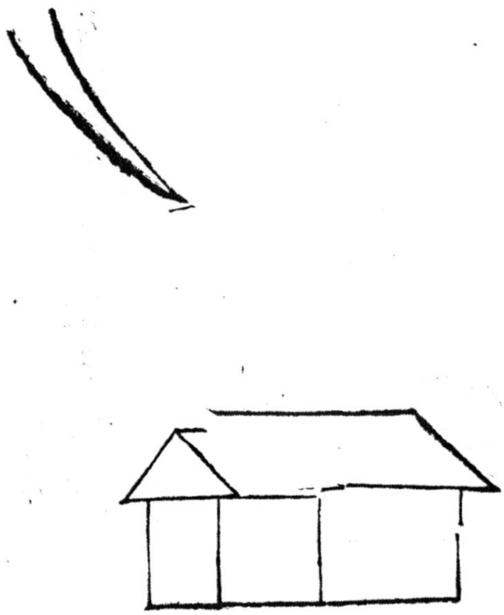

刀鎗水格

水勢似刀鎗。殺人不可當。子孫多刦盜。騎驢到法場。

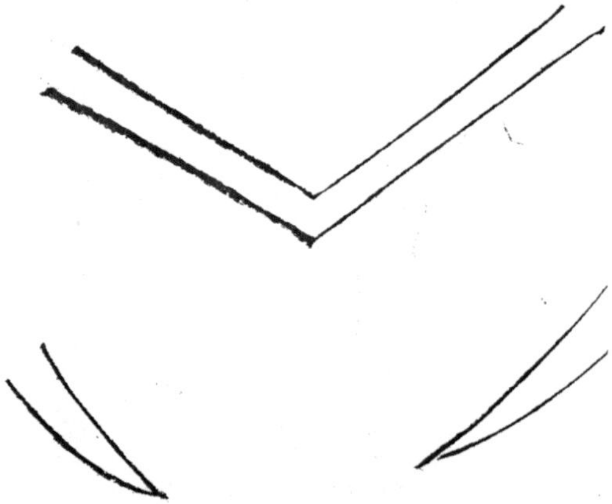

鎗形格

面前之水若尖鎗。此地見凶殃。

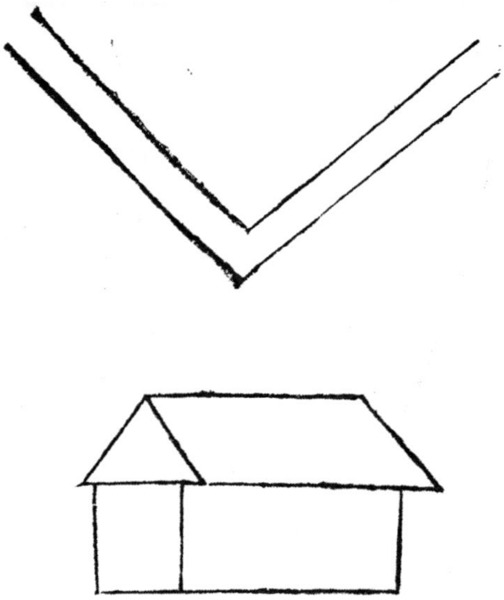

尖射格

大凡坐穴看後先。前後形吉任君安。
四畔如刀來射穴。此為凶煞退田園。

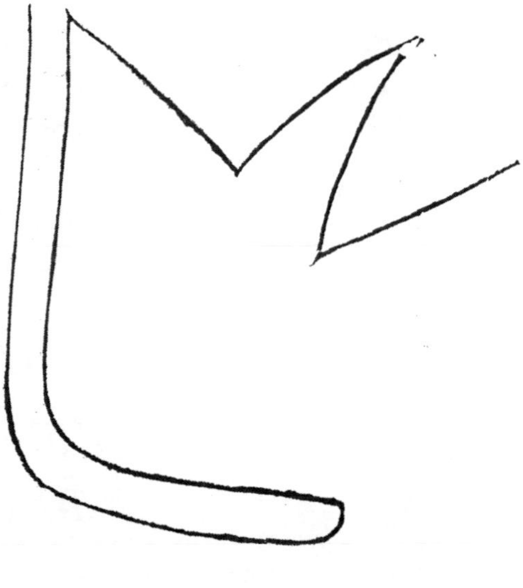

掃割水格

兩畔掃割瘟火刑殺。家業如湯人口先絕。

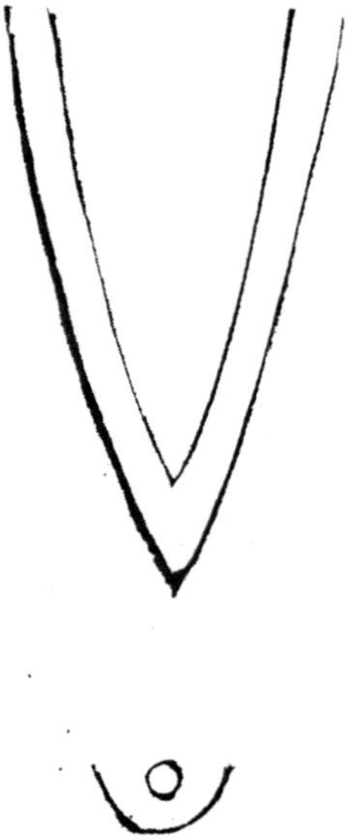

斫割水格

前水了乂向橫直斫割此中識。官非兵盜日日来身作火中灰。

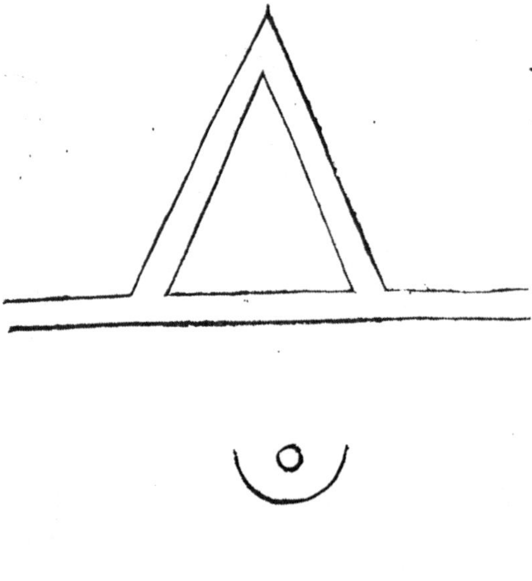

衝射割斫格

滔滔流水直冲来。認取彎彎倒處栽。不怕吉星并合卦。相逢立刻見凶灾。

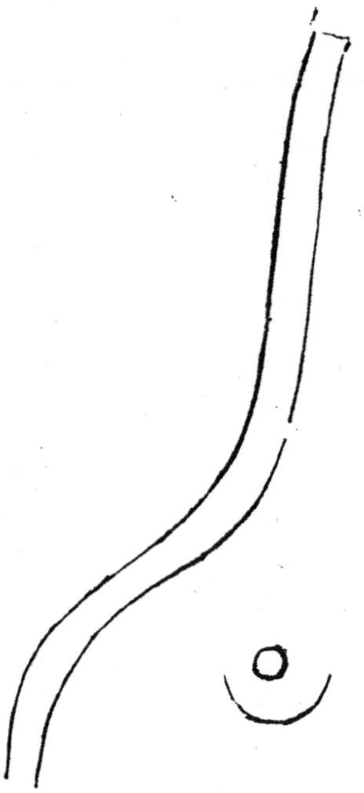

刀劍横坎斫割形。此坎一葬主伶仃。男女死亡無救助。投河自縊賊軍刑。

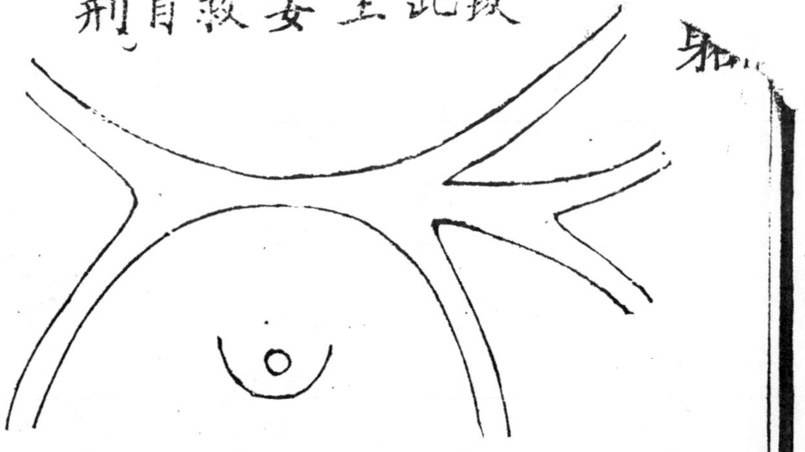

四劍水流名割斫。此地如刀斬。
兩邊冲射入明堂。枉死少年郎。

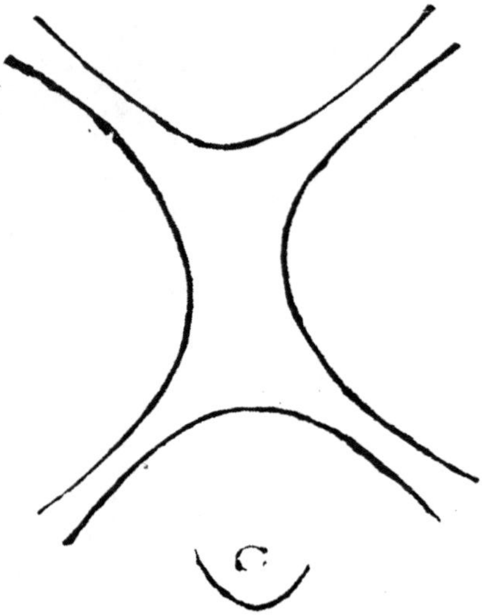

衆射水格

穴前有水是傷心。疊箭交加[illegible]更深。
惡煞凶神難躲避。神仙當此也消魂。

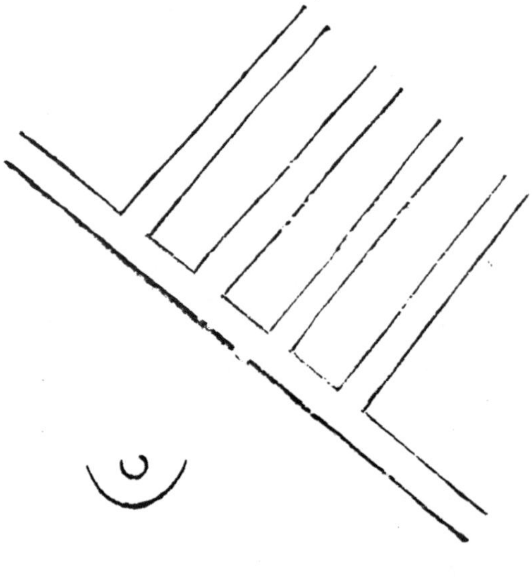

水破明堂格

水破明堂。家長難當。若不急移。疾病死亾。

明堂開口格

此水入明堂。開張去直長。臨之皆共射。刑獄并瘟癀。

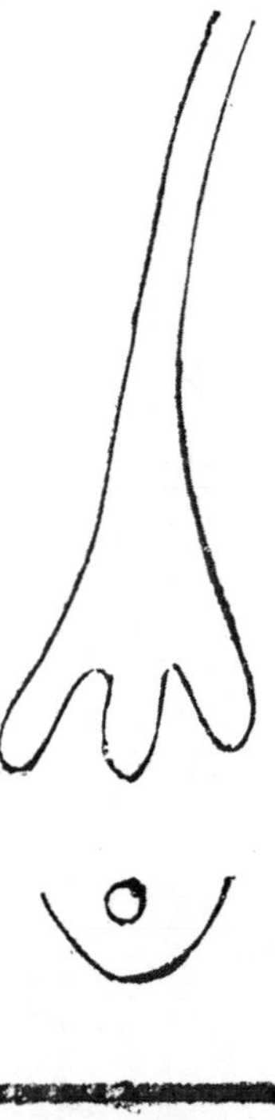

去水流泥格

流泥穴裡主離鄉。只為坟前去水長。
說與時人高着眼。不須憑此悞賢良。

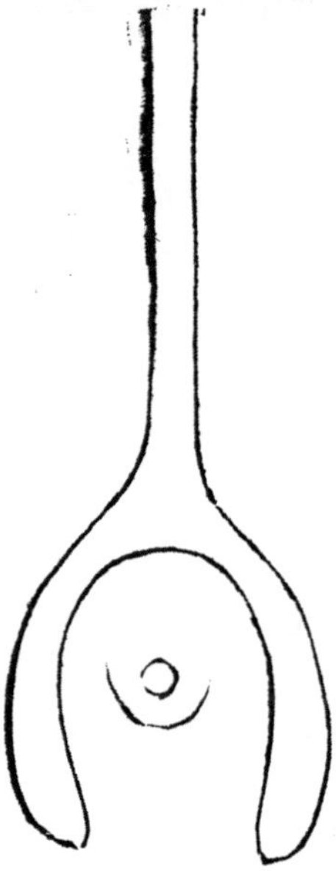

土牛四拽格

面前水直去。雖吉亦不濟。

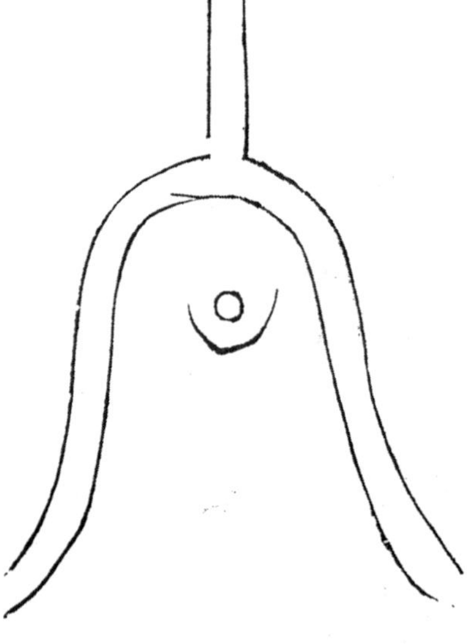

牽動土牛格

即去水流泥格。縱有外邊繞抱。亦主離鄉。退敗不吉。

之元水格

明堂曲水如之元。土牛不動穴可扦。葬後其家大發福。子孫富貴出天然。

前關水格

朱雀之水兩分開。灾禍日日來。

坟宅有此。主傷宅長。

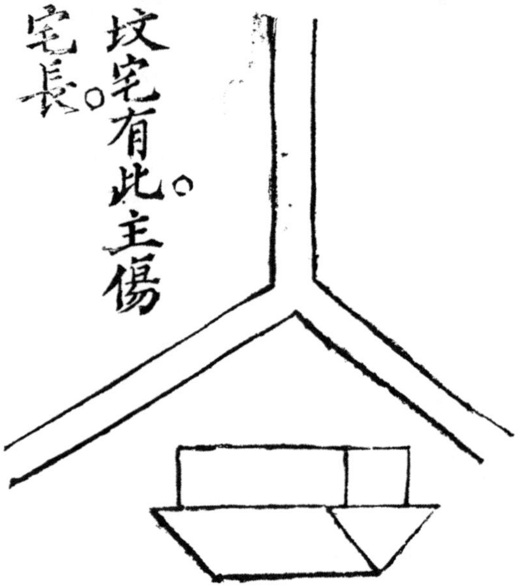

木叉水格　又名淫慾水格

前冲之水兩分流。有井當中淫不休。

主出心痛。人患目人。

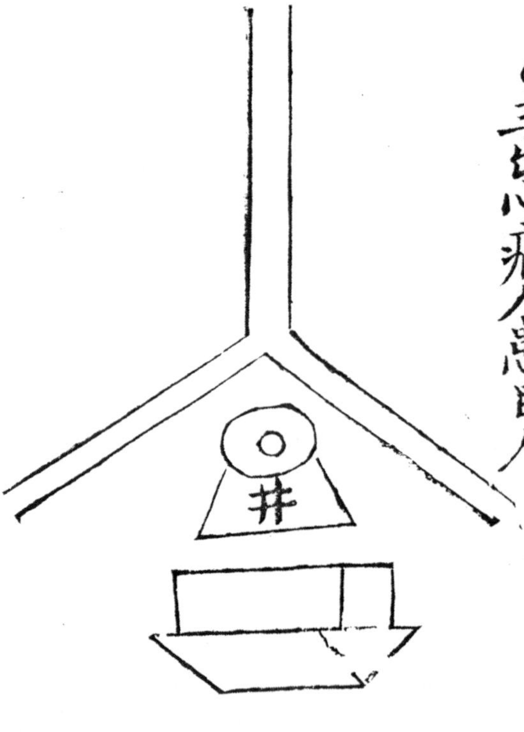

朱雀破頭格　墓同
主人呆不寧。財源虛耗。

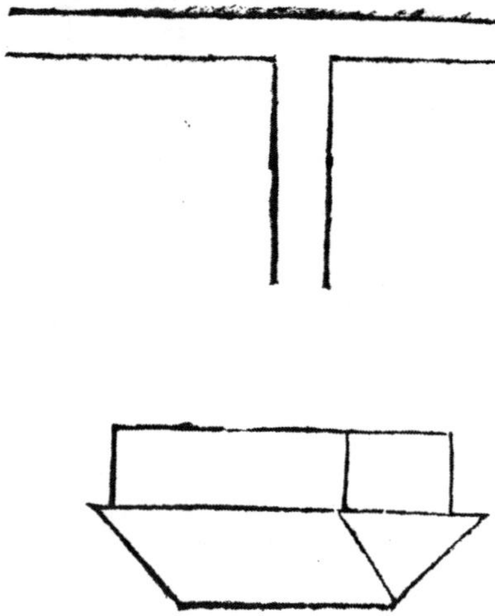

後關反丁水格　墓同
丁水損人丁。後射不安寧。
偏則猶還可。中沖宅母驚。

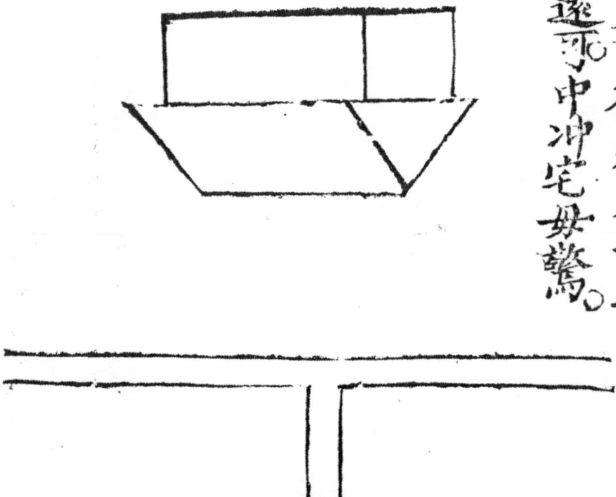

元武吐舌格　墓同

元武水若後冲来。其家宅母常舉哀。更兼小口多刑剋。破耗官非定損財。

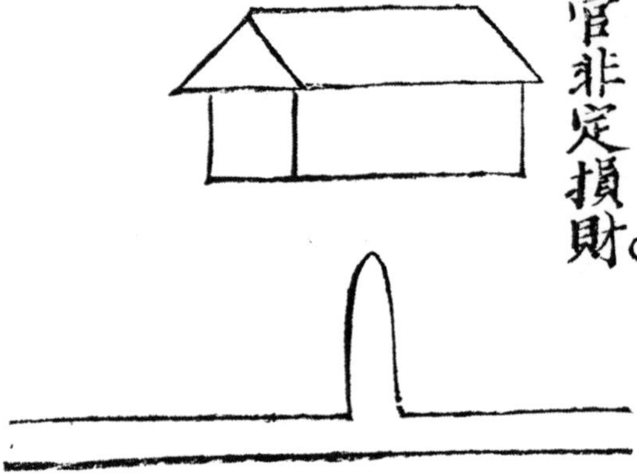

後闌水格　墓同

人家宅後有闌流。凶禍日無休。莫信時師為吉取。定主傷宅母。

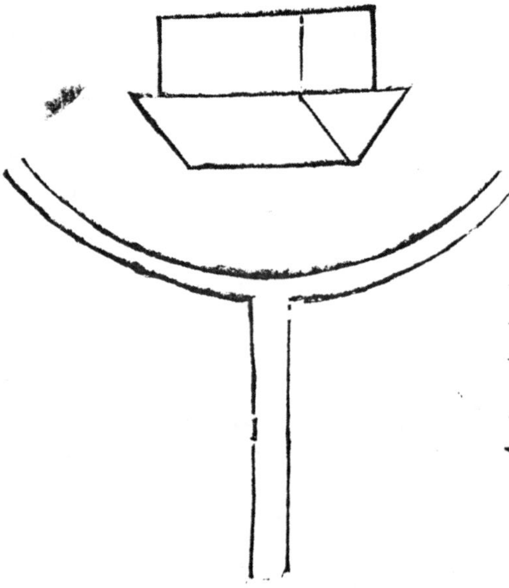

青龍吞塚格

青龍吞塚不宜。觀子孫疾病豈能安。

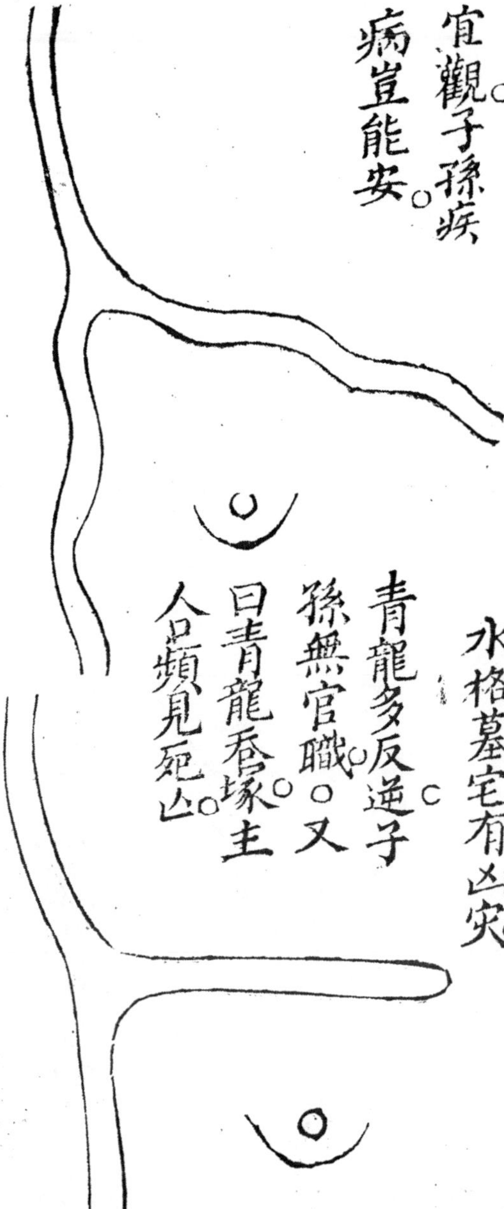

鬪水格

即青龍吞塚格。白虎同

一水直冲来。尖砂兩劈開。此名鬪水格。墓宅有凶灾。

青龍多反逆。子孫無官職。又曰青龍吞塚。主人口頻見死亾。

凡水相激触者。主子孫為相格戰鬪而死。又出拳攣跛躃之人。

白虎啣屍格

白虎啣屍最不良。葬後兒孫豈得長。

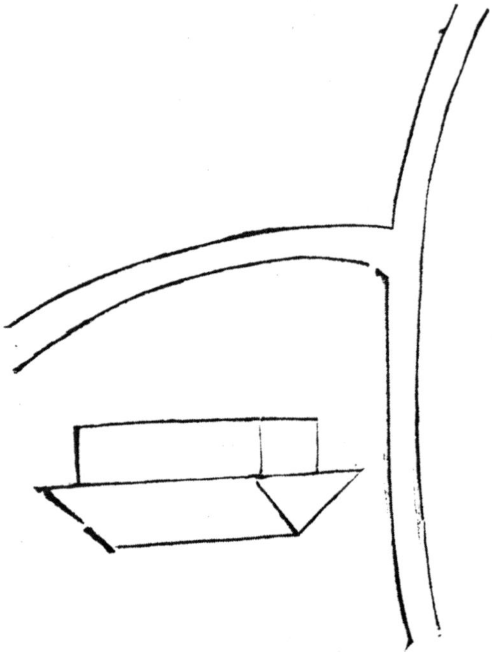

同上

右關一水最為灾。主有女傷腮。小房位上家財退。此法人須會。

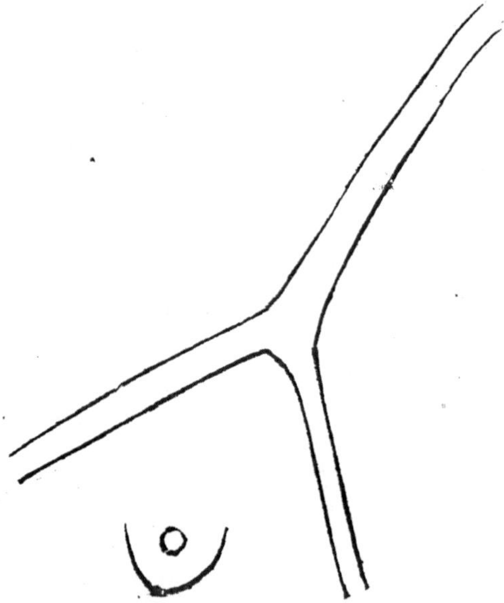

龍蛇吞併格　墓同

交加水射兩無情。其家抄估沒今。

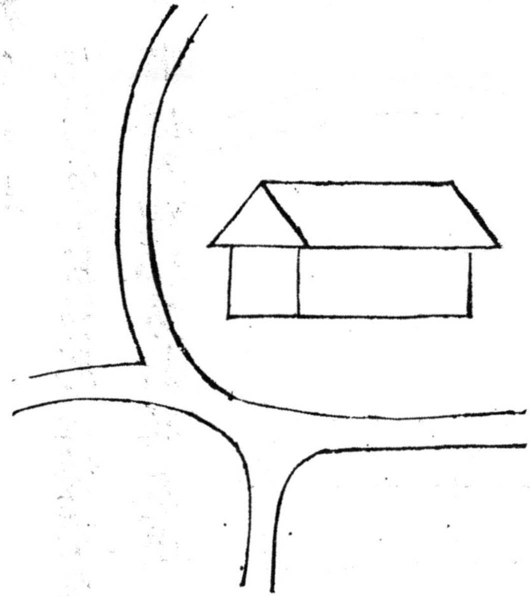

瘟關水格

前頭流水似叉斜。退敗定無家。

須知此地多瘟疫。人死無埋骨。

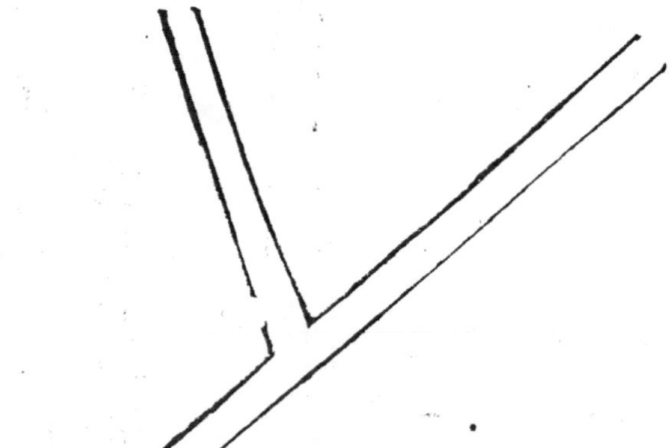

執笏水格

門前有水執笏形。仕籍有名聲。
龍体有迴環。方許錦衣還。

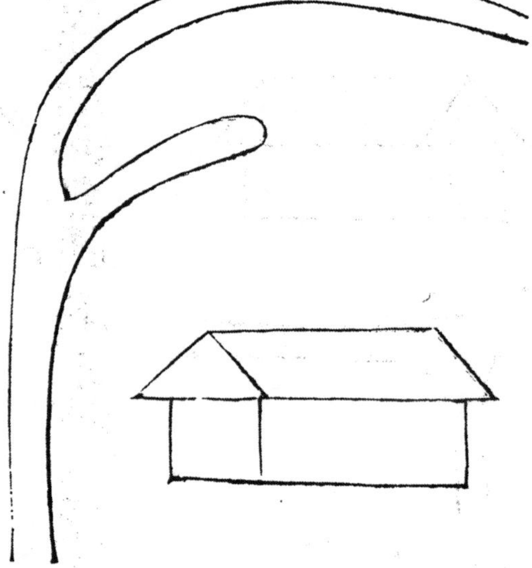

按劍水格

面前一兜如按劍。武職及巡檢。

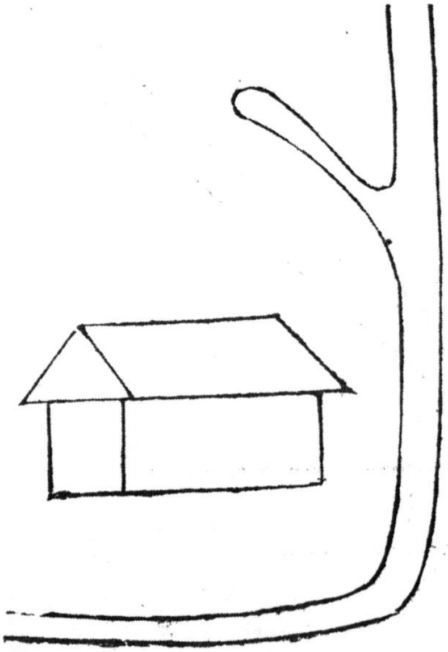

蔣大鴻曰。小水圓者吉。尖者凶。

刀鎗水格　墓同

右邊池湖如刀鎗。兒孫主殺傷。

破碎水格

破缺見天星。墓宅見憂驚。縱然龍脉遶。亦有禍來侵。

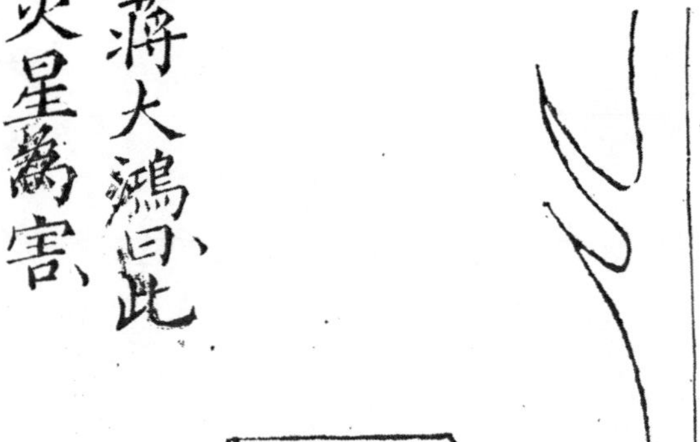

蔣大鴻曰、此火星爲害、

破碎水格　宅同

河圩多崩破○家中起灾禍○喚作金鵝帶箭形○縱然遶抱有凶刑○

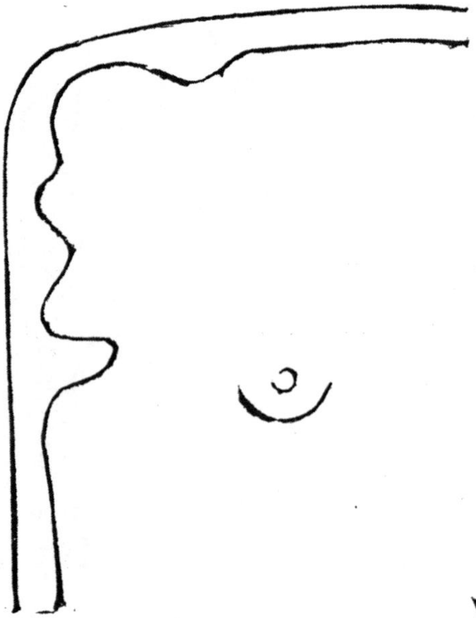

破碎水格

兩畔圩河多破缺○官事無休歇○

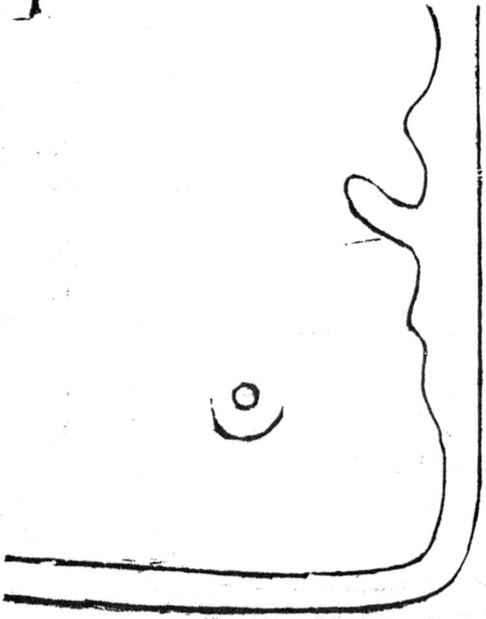

分背水格

塚背之水兩分流。財散丁稀門戶休。

凡塚脊之水、分頭而去、崗坑之水、停滯不流、皆大不祥

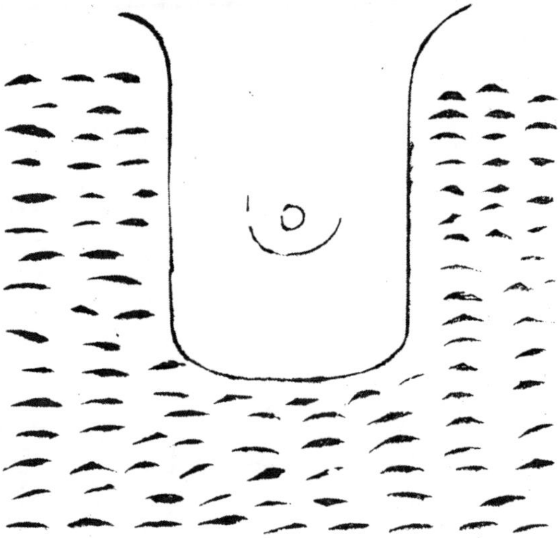

同上

凡水四散去。主產難死者。子孫衰弱伶仃不能繼後

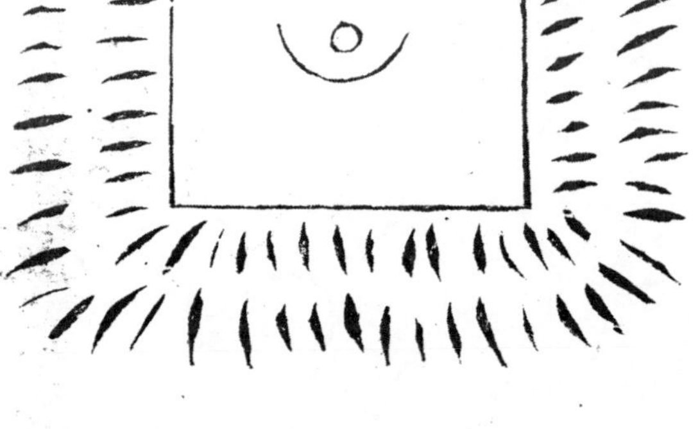

沮洳水格○

沮洳之水半濕半乾積垢生苔泥泥漫漫如蝦蟇背○如牛鼻汗○非水非陸扞之生患○子孫風狂○形神不滋○水癥腫脹惡疾羸尫○

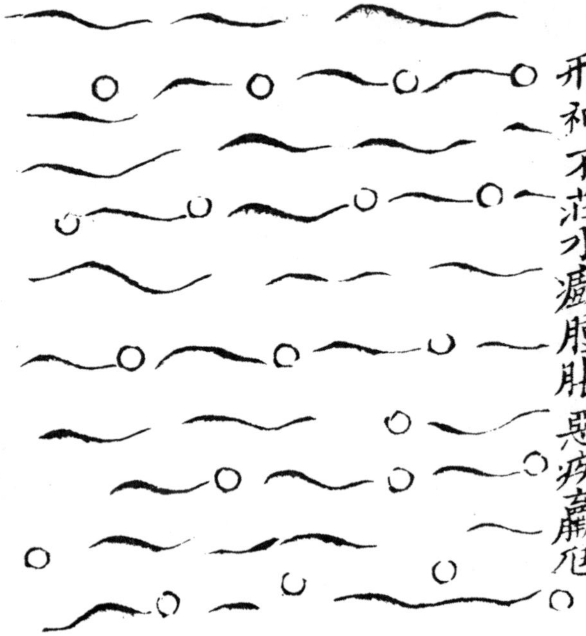

亂水格○

水如敗絮亦似亂麻○藥之必禍狂亂淫邪○

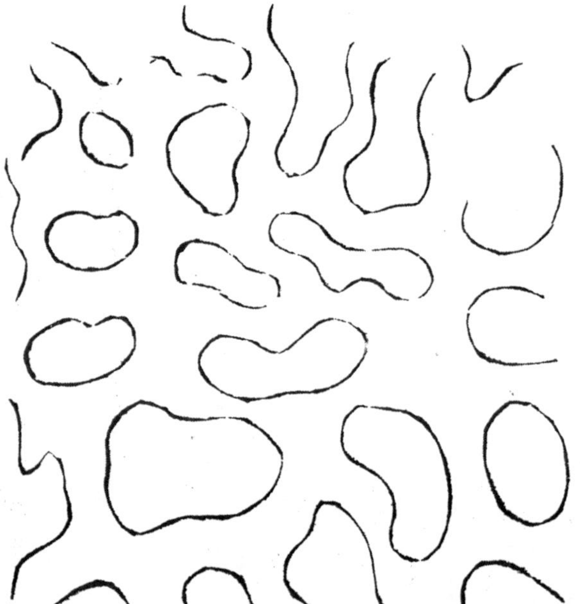

銅角水格

此水出師巫。尼姑并藥婆。亦能傷小口。氣疾并跏跛。火形似銅角。氣拗不寬廓。尼姑巫覡及師娘。賣藥走街坊。更兼氣疾跏跛足。小口多傷促。

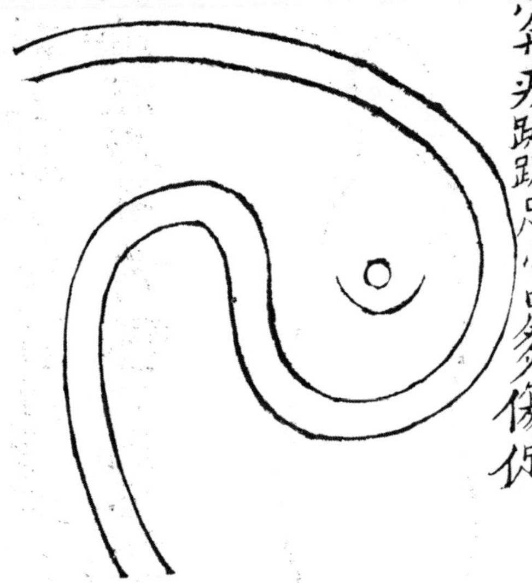

抄估龍格

墓同

兩頭尖小中間大。如蛇吞鼠難急下。馬腿牛蹄總一般。出人抄估家生怪。

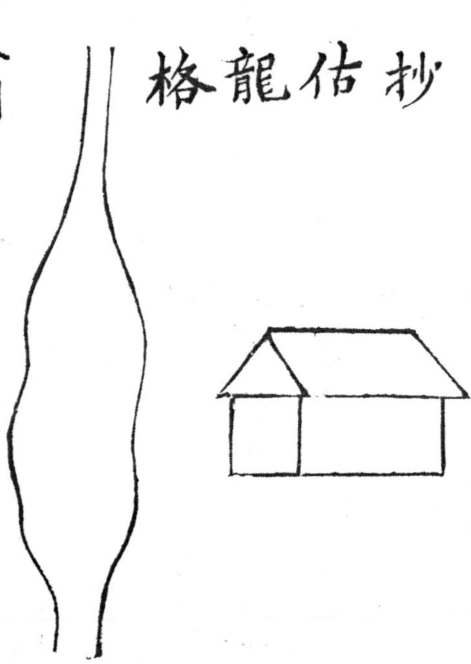

抄估龍格

牛臂馬腿水來冲。抄估定無踪。
不論左右并前後。貧窮及逃走。

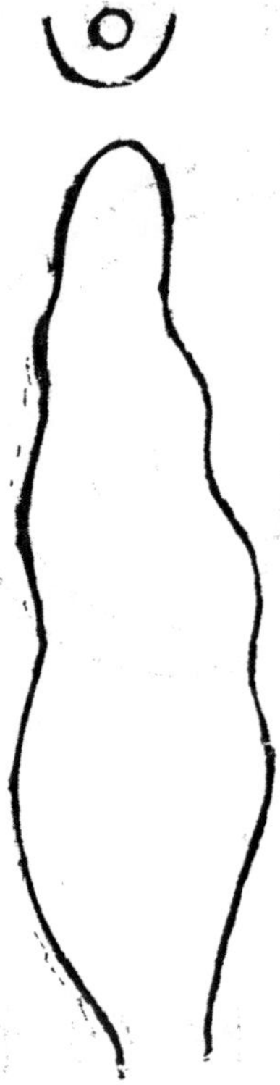

同上

抄估之格最不良。下着主離鄉。

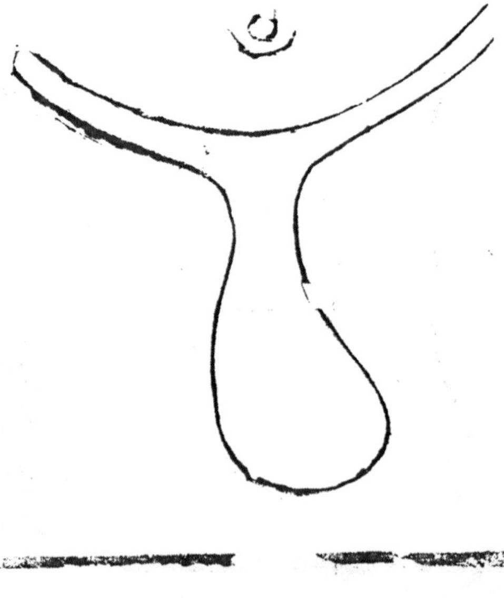

掃帚地如走棋。或然三角或分飛。此為徒配君休下。貧窮困苦主逃移。

掃帚地格

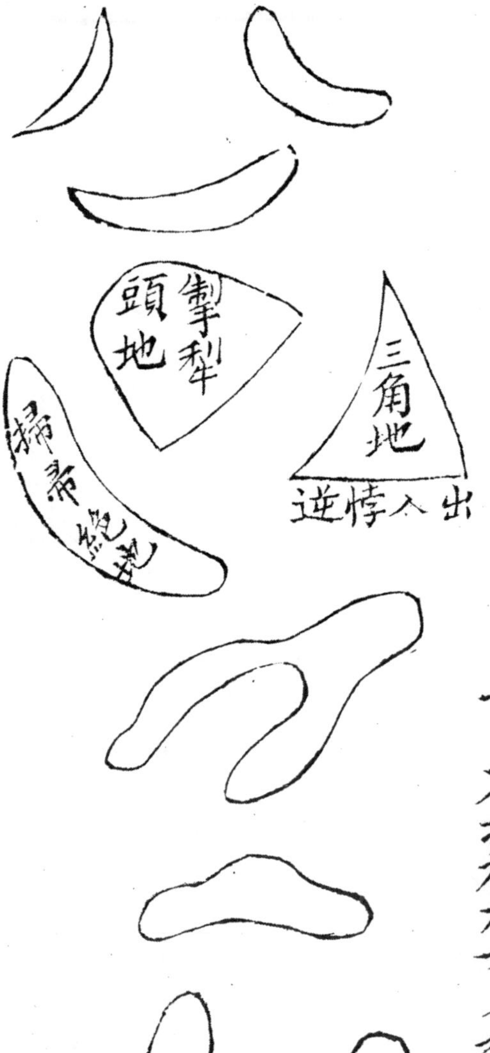

淫慾地格

淫慾地似鴨頭。鴨頭之地不知羞。面前或似撒裙樣。女兒媳婦上秦樓。

了乂水格

邊旁若有了乂水。此處定無地。

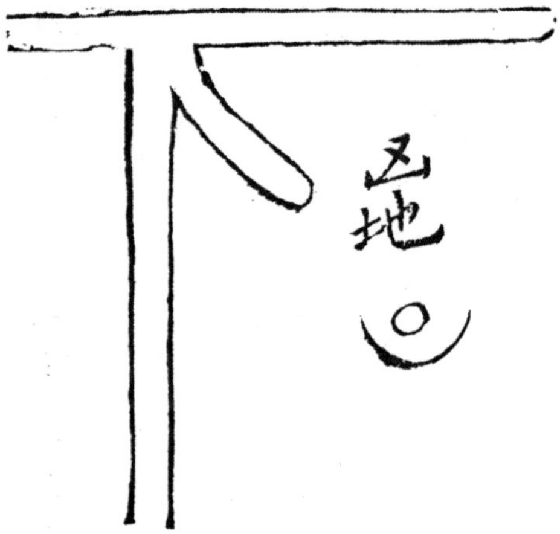

葫蘆水格

白虎河中帶土墩。葫蘆毒藥。

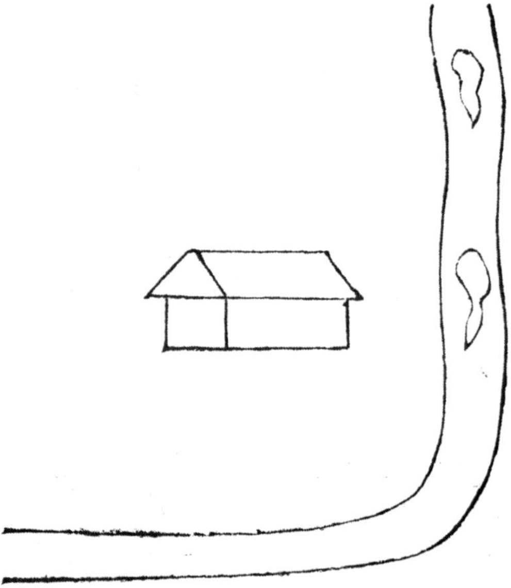